JN043975

資格試験・採用試験を突破する「日本語力」が身につく

1問2分でできる

「語彙力・読解力」エクササイズ

西隈俊哉

Shunya Nishikuma

はじめに

「語彙力・読解力」を身につけて、難関を突破しよう！

近年、若者を中心に日本人の語彙力・読解力の低下が指摘されています。その原因を探ると、「読む量の減少」にたどり着きます。読む量の減少によって新しい言葉が吸収できず語彙力が低下し、さらに読解力が低下する負の連鎖が起きていると想像されます。

「語彙」とは単語の総数のことで、「彙」とは「集まり」という意味です。そして**語彙力とは、私たちが「理解したり操ったりすることができる言葉の量」と言えます。**もちろん、単語の意味そのものだけでなく、単語のまとまりとしての意味を理解したり操ったりすることも含まれます。

また、文章の中で意味が決まることがあります。例えば「彼は、過去の栄光にあぐらをかいていた。次第に周りの選手に実力を追い抜かれていった」という文の場合の「あぐら」は、「足を組んで座っている」という意味ではなく、「努力をせずに怠けている」といった意味になります。そのため、語彙力というのは読解力の中の必要な要素なのです。

一方、**読解力とは、「相手の伝えたい文章・情報を論理的に理解する力」で、他者とのコミュニケーションにも重要なものです。読解力には語彙力のほか、推測する力、ほか**

の文との関係を見極める力、必要な情報を探し出す力などが必要です。

インターネットの検索によって、私たちは必要な情報に素速くアクセスできます。ですが、**語彙力・読解力が不足していると、理解が浅くなります。表面的なことをすくい取るだけになります。しかし、語彙力・読解力を身につければ、アクセスしたあとの情報の理解が深まります。**

本書はそのためのトレーニング本です。無理をして脳が“筋肉痛”にならないよう、日ごろからエクササイズ感覚で語彙力、読解力を少しずつ身につけていただければ幸いに思います。

そして身につけた語彙力・読解力を武器に、入学試験、就職試験、資格試験など、みなさんの前に立ちはだかる難関を突破してください。

または、物事を深く広く考えるための「思考の扉」を開けてみてください。

最後に、本書の企画から執筆、発行までのすべての期間にわたって温かくサポートしてくださった、講談社エディトリアルの加藤広さんをはじめ、本書の制作にかかわっていただいたすべての方に、心より御礼を申し上げます。また、本書執筆中に私からの数多くの質問・相談に嫌な顔をせずに答えてくれた息子の西隈悠登にも厚く感謝します。

西隈俊哉

1問2分でできる「語彙力・読解力」エクササイズ　目次

Column

この本の決まり

●この本は、日本語の「語彙力・読解力」を鍛えるための問題集です。

●問題の多くは選択問題になっています。正解は1つ、もしくは複数があり、それぞれの問題により異なります。

●解答は、問題の次のページなどに、解説とともに記してあります。

●問題の「難しさ」を★で表現しています

★☆☆…知識重視の問題や瞬間的に解ける問題

★★☆…およそ制限時間の2分以内で解ける問題

★★★…考える時間が必要で、慣れないと制限時間の2分を使いきる問題

Chapter 1 

語彙力エクササイズ

このChapterの目的・解説

「語彙力」とは、知っている単語の量や、その単語の意味や使い方を理解する能力のことです。語彙力は、コミュニケーション力、読解力、思考力にも必要な力です。知っている単語が多いとコミュニケーションがスムーズになりやすいですし、読解も楽になります。思考については、知っている単語が多いことで、物事をより深く考えることができるようになります。

では、**語彙力を身につけるにはどうすればよいでしょうか。**いたって簡単な答えは、**「知っている単語を増やし、その単語の意味や使い方を理解すること」**なのですが、それを無理なく、楽しく行えると素敵だと思います。

このChapterでは、楽しく語彙力を身につけられるように、いくつかの問題形式を用意いたしました。

そして、**語彙力でもう1つ大切な力があります。その語彙の意味や使い方が瞬時に理解できたり、正しい場面で使えたりする力です。**このChapterに現れる単語は、みなさんが見かける可能性の高いものを（主観的ではありますが）選びました。実際の場面でこれらの語が現れたときにはできるだけ素早く、「あっ、この言葉の意味は●●だ!」と判断できるようになるとよいでしょう。

また、できるだけアウトプットの場を増やして、声に出してこのChapterに現れる単語を使ってみてください。きっと、優れた言葉の使い手になれることでしょう。

形式1：適切なものを選ぶ問題

問1 下線部に入る適切な漢字を、
以下の1～4の中から1つ選んでください。 難しさ★★★

（1）わがチームは去年の優勝チームを相手に、果＿に戦った。

1. 輯　3. 敢
2. 揖　4. 厳

（2）彼は「絶対に成功しなければならない」という呪＿から解放されずにいた。

1. 博　3. 薄
2. 縛　4. 簿

（3）カウンセラーは、時として人の心の深＿を覗き込むことがある。

1. 淵　2. 粛
3. 溝　4. 曽

（4）山田君は、我が校一の＿足を誇る選手だ。

1. 騒　2. 駿
3. 瞭　4. 瞬

問1　解答・解説

(1) 解答：3（果敢）

「果敢」とは、物事を思い切ってする様子を言います。「果敢に戦う」だと「思い切って行動を起こし、積極的に戦う」というような意味になります。

(2) 解答：2（呪縛）

「呪縛」とは、「呪いによって動けなくすること」というのが本来の意味ですが、そこから、「心理的な強制によって人の行動に制約をかけること」という意味もあります。

(3) 解答：1（深淵）

「深淵」とは、水の深いところを指します。物事や人の心などの奥深さを表すときにも使われます。

(4) 解答：2（駿足）

「駿足」とは、足が速いことを意味する言葉です。「俊足」とも書きます。

言葉は組み合わせ

形式1：適切なものを選ぶ問題

問2

下線部に入る適切な漢字を、以下の1～4の中から1つ選んでください。

難しさ ★☆☆

(1) 企業秘密が漏__しないように、対策を取るべきだ。

1. 洩　　3. 浅
2. 絏　　4. 綫

(2) 個人事業主の場合、経費を事業とプライベートとで__分する必要がある。

1. 鞍　　3. 晏
2. 按　　4. 安

(3) 我が研究所では、来年度にインドからIT研究員を1名招__することになった。

1. 盟　　3. 轃
2. 甓　　4. 聘

(4) SNSでは、有名人の誹__中傷やプライバシー侵害が絶えない。

1. 誇　　3. 謗
2. 誘　　4. 謁

問2　解答・解説

(1) 解答：1（漏洩）

「漏洩」とは、液体・気体が漏れることを意味しますが、主に「秘密が漏洩する」という言い方で、「秘密が漏れる」と言いたいときによく使われる言葉です。

※「洩」は常用漢字外の漢字であるため、新聞などの記事・文書などでは「漏えい」とひらがな書きされることがあります。

(2) 解答：2（按分）

「按分」とは、ある基準をもとに品物やお金を配分することを意味します。

※「按」は常用漢字外の漢字であるため、記事・文書などでは「案分」と別の漢字で書かれることがあります。

(3) 解答：4（招聘）

「招聘」とは、お願いをして来てもらうことを意味する言葉です。教員や技術者などに対して使われることが多いです。

※「聘」は常用漢字外の漢字であるため、記事・文書などでは「招へい」とひらがな書きされることがあります。

(4) 解答：3（誹謗）

「誹謗」とは、悪口を言うことを意味する言葉です。「中傷（他人を傷つけること）」とセットになってよく使われます。

※「謗」は「誹」とともに常用漢字外の漢字であるため、記事・文書などでは「ひぼう」とひらがな書きされることがあります。

形式1：適切なものを選ぶ問題

問3 下線部に入る適切な漢字を、以下の1～4の中から1つ選んでください。 難しさ ★★★

(1) 火事に気づいた人々は、一＿散に避難した。

1. 方　2. 発
3. 目　4. 歩

(2) 彼は当せんに否定的な下＿評を覆して、当せんした。

1. 論　2. 鱗
3. 馬　4. 剋

(3) 彼女は自分の非を認めず意＿地になってしまい、周りから孤立してしまった。

1. 念　2. 天
3. 気　4. 固

(4) 服やアクセサリーを買いに行くときは、審美＿がある人と一緒に買いに行くとよい。

1. 眼　2. 鏡
3. 路　4. 賞

問3 解答・解説

（1）解答：3（一目散（いちもくさん））
「一目散」とは、わき目もふらずに必死になって走る様子を言います。

（2）解答：3（下馬評（げばひょう））
「下馬評」とは、第三者が興味本位で評価したり噂したりすることを言います。もとは馬を降りた主人を待つ召し使いたちが、主人を待っている間に話をしていた評判や噂を指します。

（3）解答：4（意固地（いこじ））
「意固地」とは、意地を張り頑固なことを表します。「依怙地」とも書きます。

（4）解答：1（審美眼（しんびがん））
「審美眼」とは、美しいものに対して的確な判断ができる能力のことです。

Column

語彙を増やす

語彙を増やす方法の1つは、新しく知った言葉をとにかく使ってみることです。あえて普段の会話で使ってみるのもよいでしょう。しかし「口に出して、間違って使ってしまったときが恥ずかしい」と思う方は、スピーチの原稿に入れるとか、報告書などで使ってみるとよいでしょう。

形式1：適切なものを選ぶ問題

問4

下線部には同じ漢字が入ります。適切な漢字を、以下の1〜4の中から1つ選んでください。

難しさ ★★★

（1）__邪鬼／有頂__

1. 宙　2. 空
3. 天　4. 地

（2）雪__花／立待__

1. 月　2. 日
3. 土　4. 木

（3）__物詩／天狗__

1. 林　2. 山
3. 火　4. 風

（4）綺__星／一張__

1. 麗　2. 羅
3. 恒　4. 新

問4　解答・解説

(1) 解答：3「天邪鬼」と「有頂天」

「天邪鬼」と「有頂天」です。「天邪鬼」は、あえて人とは違う意見を言ったり行動したりする人のことを指します。「有頂天」は、うまくいったことがもととなって得意げになっている様子を表します。

(2) 解答：1「雪月花」と「立待月」

「雪月花」と「立待月」です。「雪月花」は、自然界の美しいものを表す言葉で、冬の雪、秋の月、春の花を指します。「立待月」は、満月の次の次の日の月のことです。十五夜以降、月は1日たつごとに月の出の時間が遅くなるので「まだかまだか」と立って待っている間に出てくる月、ということで名づけられました。

(3) 解答：4「風物詩」と「天狗風」

「風物詩」と「天狗風」です。「風物詩」は、季節を感じることのできる代表的なものを指します。例えば、花火や浴衣は夏を感じることのできるものなので、「夏の風物詩」と呼ばれます。「天狗風」は、突然激しく吹く風のことを指します。「狗」は常用漢字外の漢字であるため、記事、文章などでは「てんぐ風」と書かれることがあります。

(4) 解答：2「綺羅星」と「一張羅」

「綺羅星」と「一張羅」です。「綺羅星」は、空に輝く多くの星のことを表します。「一張羅」は、その人がもっている服の中で一番よい服に対して使われます。「綺」は常用漢字外の漢字であるため、記事、文章などでは「きら星」と書かれることがあります。

形式1：適切なものを選ぶ問題

問5

下線部にあてはまる漢字を考えてください。下線部には同じ漢字が入ります。

難しさ ★★☆

（1）__肉__背

（2）__真__銘

（3）__事__難

（4）世__交__

（5）無__苦__

（6）残__無__

問5　解答・解説

(1) 解答：中（中肉中背）

平均的な体重と身長の人を指します。「肉」は「肉づき」の意味で理解しておくとよいでしょう。

(2) 解答：正（正真正銘）

「間違いなく本物」という意味です。「真」は「真実」、「銘」は「本物」という意味です。

(3) 解答：多（多事多難）

「事件が多くて困難が多い」という意味です。「事」は「事件」以外に「出来事」の意味もあります。

(4) 解答：代（世代交代）

若い者が古い者と入れ替わること。

(5) 解答：茶（無茶苦茶）

常識はずれであること、まともではないことを指す言葉です。なお、「滅茶苦茶」「目茶苦茶」の2つも発音が変化しただけで同じ意味です。

(6) 解答：念（残念無念）

意味が似ている2つの言葉をつなげてその意味を強調した熟語です。

形式１：適切なものを選ぶ問題

問6

異なる漢数字を2つ使って、四字熟語を完成させてください。漢数字がどこに入るかも考えてください。

難しさ ★★☆

（例）❶人首、❷罰戒、❸姓揆

（答え）いずれも「一」と「百」を使うので……。

❶百人一首

❷一罰百戒（いちばつひゃっかい）（一人に罰を与えることで罪を見逃さない態度を示し、多くの人に気をつけさせること）

❸百姓一揆（ひゃくしょういっき）

（1）❶唯無、❷石鳥、❸者択

（2）❶人脚、❷束文、❸無無

（3）❶寒温、❷朝暮、❸再再

（4）❶苦苦、❷方方、❸通達

（5）❶攫金、❷載遇、❸日秋

（6）❶客来、❷変化、❸笑止

問6　解答・解説

(1) 解答：①唯一無二（ゆいいつむに）、②一石二鳥（いっせきにちょう）、③二者択一（にしゃたくいつ）

「唯一無二」は「それだけしかなく、ほかのものがないこと」です。

(2) 解答：①二人三脚（ににんさんきゃく）、②二束三文（にそくさんもん）、③無二無三（むにむさん）

「二束三文」というのは、値段がとても安いことを表します。昔、草履（ぞうり）二足が三文という、当時ではとても安い値段で売られていたことが由来です。そのため、「二足三文」とも書きます。「無二無三」は、1つしかないことを意味します。そこから、1つのことだけに集中する様子を表すこともあります。

(3) 解答：①三寒四温（さんかんしおん）、②朝三暮四（ちょうさんぼし）、③再三再四（さいさんさいし）

「三寒四温」は冬の気候の特徴で、三日寒い日が続いたあと四日暖かい日が続くことです。「朝三暮四」は「目先の違いにとらわれて同じ結果に気づかないこと」および「うまいことを言って人をだますこと」の2つの意味があります。「再三再四」は何度も繰り返すことです。

(4) 解答：①四苦八苦（しくはっく）、②四方八方（しほうはっぽう）、③四通八達（しつうはったつ）

「四苦八苦」は、物事がいろいろうまくいかず、苦しい状態を意味します。「四通八達」は「道路や鉄道が発達していて便利だ」という意味です。

(5) 解答：①一攫千金（いっかくせんきん）、②千載一遇（せんざいいちぐう）、③一日千秋（いちじつせんじゅう）

「千載一遇」の「千載」は「千年」と同じ意味です。「一遇」は「一回出会う」という意味です。「一日千秋」の「千秋」も「千年」と同じです。つまり「一日が千年に感じられるほどの長い時間」を指します。

(6) 解答：①千客万来（せんきゃくばんらい）、②千変万化（せんぺんばんか）、③笑止千万（しょうしせんばん）

「千変万化」は、いろいろなものが変化して移り変わっていくという意味です。「笑止千万」の「笑止」は「ばかばかしいこと」、「千万」は「とても多いこと」を意味します。つまり「笑止千万」は「とんでもなくばかばかしい」という意味です。

形式1：適切なものを選ぶ問題

問7

【　　】内の言葉の使い方として最も適切なものを、以下の1～4の中から1つ選んでください。

難しさ ★★☆

(1)【推敲（すいこう）】

1. この文章を読みやすくなるように**推敲**する必要があります。
2. この文章の漢字の読み方について**推敲**してください。
3. この文章を作成する約束を即座に**推敲**するように言われた。
4. この文章を読んで内容を**推敲**するのは簡単そうで難しい。

(2)【失笑】

1. 彼の冷たい言動によってその場にいるものから笑顔が消え、**失笑**だけが残った。
2. 芸人が舞台に現れた瞬間、観客から拍手と**失笑**が湧き上がった。
3. 山田さんは**失笑**活動に熱心で、この間、市から表彰を受けた。
4. 表彰式で壇上に上がるときに転んでしまい、**失笑**を買った。

(3)【校正】

1. 大事な取り引きほど、偏りのない**校正**が求められる。
2. この**校正**作業では、コンテンツに用語の不統一があるかどうかだけチェックしてください。
3. 公立、私立に関係なく、必要に応じて**校正**することが大事だ。
4. 裏切り者は、権力者によって次々に**校正**されていった。

(4)【割愛（かつあい）】

1. 恋人同士が**割愛**するシーンは、どんなドラマでも胸が痛む。
2. 田中さんは野球に対する**割愛**が人並み以上だ。
3. 図表の説明につきましては、時間の関係上、**割愛**させていただきます。
4. 楽しい時間は**割愛**したほうが、より多くのことを楽しめると思いますよ。

問7 解答・解説

(1) 解答：1 推敲（すいこう）
「推敲」は「文章の表現を何度も考えて修正を重ねていくこと」という意味です。

(2) 解答：4 失笑
「失笑」は「おかしさに我慢できず、吹き出して笑ってしまうこと」を意味します。

(3) 解答：2 校正
「校正」は、原稿を読み、誤字脱字や意味がわかりにくいところなどをチェックすることです。

(4) 解答：3 割愛（かつあい）
「割愛」は、時間がないなどの理由で仕方なく省略することです。

形式1：適切なものを選ぶ問題

問8

【　　】内の言葉の使い方として最も適切なものを、以下の1〜4の中から1つ選んでください。

難しさ ★★☆

(1)【こだわる】

1. 明日から一週間、出張先に**こだわる**予定だ。
2. 一緒にサッカーに行こうと誘ったが、**こだわられて**しまった。
3. 彼は文法の正しさに**こだわる**あまり、外国語が話せないでいる。
4. 彼女は森の中に入り、自然と一緒**こだわる**のが好きだ。

(2)【おもねる】

1. あの先生は今日、遠足の下見のために授業を午前だけで**おもねる**のだそうだ。
2. あの学生は、オリンピックに出場できるほどの実力があるが、いつも**おもねって**いる。
3. あの店員は、呼んでも**おもねる**だけで、こちらに来ない。
4. あの社員は自分を出さず、いつも上司に**おもねって**ばかりいる。

(3)【あやかる】

1. 今日のパーティーでは、ごちそうに**あやかろう**と思う。
2. 田中さん結婚したんだ。私もその幸せに**あやかり**たいな。
3. 大先生のお褒めに**あやかり**、光栄です。
4. 勝ち馬に**あやかる**のか？　もうちょっとよく考えなさい。

(4)【うがつ】

1. このトンネルを**うがつ**大型掘削機械を作ったのは我が社です。
2. 破れた部分は、接着剤を使って丁寧に**うがつ**といいですよ。
3. いつまでもそこにいないで、早く別の場所に**うがった**ほうがいいと思います。
4. 公平にとらえず、**うがった**考えで結論を出すべきではありません。

問8　解答・解説

(1) 解答：3 こだわる

「こだわる」は、「1つのことをいつまでも気にかける、そのことから離れられなくなる」という意味があります。一方で「妥協しない、追求する」という意味もあります。

(2) 解答：4 おもねる

「おもねる」は、人に気に入られるように行動することを意味する言葉です。意味の近い言葉に「へつらう」があります。

(3) 解答：2 あやかる

「あやかる」は、ある人に影響を受けて自分も同じような行動をしたり、同じような状態に近づこうとしたりすることを指します。よい変化をしたいときに使われることが多いです。

(4) 解答：1 うがつ

「うがつ」は「貫く」「貫き通す」という意味をもつ言葉です。「うがった見方をする」という言葉がありますが、物事を貫き通すように真相や本質を見抜くことを意味する言葉です。「うがった考え」とは使いません。

形式２：仲間はずれを探す問題

問９

【　】内に示す観点から見て、性質の異なるものを１～４の中から１つ選んでください。 難しさ ★★☆

（1）【読み方】

1　世論
2　重複
3　十分
4　銀行

（2）【ひらがなから漢字への変換】

1　たいしょう
2　けっしん
3　いし
4　さんそ

（3）【類義語】

1　意外：案外
2　刊行：出版
3　無謀：慎重
4　用意：準備

（4）【語構成】

1　犠牲
2　呼応
3　授受
4　送迎

問9　解答・解説

(1) 解答：4 銀行

「世論」は「よろん／せろん」、「重複」は「ちょうふく・じゅうふく」、「十分」は「じゅっぷん（じっぷん）・じゅうぶん」というように複数の読み方がありますが、「銀行」だけは他の読み方がなく、一通りの読み方しかありません。

(2) 解答：4 さんそ

「たいしょう」は「対象・対象」、「けっしん」は「決心・結審」、「いし」は「意志・医師」のように同音多義語が存在するのに対して、「さんそ」のみ同音異義語がありません。

(3) 解答：3 無謀：慎重

「無謀（むぼう）：慎重（しんちょう）」は対義語です。「無謀」は失敗や危険を顧みないこと、「慎重」は注意深いことです。

(4) 解答：1 犠牲

「授受」は「授ける（あげる）－受ける（もらう）」のように、一字ともう一字が反対の意味の関係にあります。「呼応」「送迎」も同じです。一方で「犠牲」は、「犠」も「牲」も「神様に供えるいけにえ」の意味になります。

形式2：仲間はずれを探す問題

問10

【　】内に示す観点から見て、性質の異なるものを1～4の中から1つ選んでください。

難しさ★★★

（1）【「被」の使い方】

1. 被弾
2. 被服
3. 被疑者
4. 被選挙権

（2）【「没」の使い方】

1. 没個性
2. 没交渉
3. 没趣味
4. 没入感

（3）【「諸」の使い方】

1. 諸島
2. 諸君
3. 諸葛亮
4. 諸外国

（4）【「過」の使い方】

1. 過激
2. 過信
3. 過年度
4. 過保護

問10 解答・解説

(1) 解答：2 被服

「被」という漢字には、受身の意味があります。「受身」というのは、行動の主体からの動作・作用を受ける人を中心にした話し方です。

「〜(ら)れる」の言い方にできることが多いです。「被疑者」の場合は「疑われる者(人)」の意味です。

もう1つは「かぶる」「身につける」の意味があります。「被服」は衣服以外に身にまとうもの（帽子、靴下、アクセサリー類など）も含めたときに用いる言葉です。

(2) 解答：4 没入感

「没」は、名詞について、「(それが)ない」という意味を表します。例えば、「没交渉」とは「交渉がないこと」つまり「かかわり合いのないこと、無関係」という意味になります。

もう1つは「のめり込む」「入り込む」という意味があります。「没入感」とは他のことが気にならなくなるほど、ある対象や状況に入り込んでいることを表します。音楽・映画・ゲームのほか、バーチャルリアリティー（VR）などで体験する感覚について使います。

(3) 解答：3 諸葛亮

これは中国の歴史を知っている方なら簡単にわかったかもしれませんね。「諸葛亮（しょかつりょう）」とは「孔明（こうめい）」とも呼ばれる、『三国志』で有名な軍師の名前です。「諸」は「多くの、さまざまな」の意味をもつ言葉です。ほかには「諸説」「諸派」「諸事情」「諸問題」などの言葉があります。

(4) 解答：3 過年度

「過」という漢字には、「度がすぎる、程度がはなはだしい」の意味があります。それ以外には「通過」のように通り過ぎることを表す場合と「経過」のように時間が過ぎ去ることを表す場合があります。3の「過年度」も「過去の年度」と見ればほかとの違いがわかるでしょう。

形式２：仲間はずれを探す問題

問11

漢字の構成の種類が異なるものを、次の1～4の中から1つ選んでください。

難しさ ★★☆

ヒント：組み合わせ方です。

（1）

1．燕尾服（えんびふく）
2．青二才（あおにさい）
3．伏魔殿（ふくまでん）
4．守銭奴（しゅせんど）

（2）

1．登竜門（とうりゅうもん）
2．試金石（しきんせき）
3．摩天楼（まてんろう）
4．銀河系（ぎんがけい）

（3）

1．市町村（しちょうそん）
2．衣食住（いしょくじゅう）
3．橋頭堡（きょうとうほ）
4．真善美（しんぜんび）

（4）

1．無礼講（ぶれいこう）
2．無作法（ぶさほう）
3．無機物（むきぶつ）
4．無尽蔵（むじんぞう）

問11　解答・解説

（1）解答：2 青二才

●●+■…燕尾+服、伏魔+殿、守銭+奴

○+□□…青+二才

「伏魔殿」は「魔物のひそんでいる場所」という意味ですが、そこから転じて「悪いことが行われている場所」という意味ももちます。「守銭奴」は、お金をため込むことばかりを考えているケチな人のことです。「青二才」は、年が若く、経験が不足している人のことを指します。主に男性に対して使います。

（2）解答：1 登竜門

●●+■…試金+石、摩天+楼、銀河+系

○+□□…登+竜門

「試金石」は、物事の価値や今後の展開などを見極めるための指標という意味で使います。

（3）解答：3 橋頭堡

□+□+□…市+町+村、衣+食+住、真+善+美

●●+■…橋頭+堡

「橋頭堡」は、もとは軍事用語で、作戦の足掛かりとなる拠点のことを意味しますが、経営戦略においても使われることがあります。

（4）解答：2 無作法

●●+■…無礼+講、無機+物、無尽+蔵

○+□□…無+作法

「無機物」にはさまざまな定義がありますが、簡単に言うと「炭素」を含まないものを指します。具体的には水や金属などが該当します。「無尽蔵」はいくら使ってもなくならないことを意味する言葉です。

形式2：仲間はずれを探す問題

問12

四字熟語を作ったときに余るものを2つ選んでください。

難しさ ★☆☆

（例）雷、電、岩、石、火、光

（答え）この6つの漢字から作ることができる四字熟語は「電光石火」です。そうすると「雷」と「岩」が使われていないので……、「雷」と「岩」が答えです。

（1）白、黒、潔、汚、清、廉

（2）嗜、稽、無、荒、好、唐

（3）中、四、六、八、十、時

（4）断、交、道、話、語、言

（5）媚、光、花、風、鳥、明

（6）朝、暮、晩、改、命、令

問12　解答・解説

（1）解答：黒、汚

作ることができる四字熟語は「**清廉潔白**（せいれんけっぱく）」です。「清廉潔白」は、「心がきれいで自分の欲がなく、悪い部分がないこと」を意味する言葉です。

（2）解答：嗜、好

作ることができる四字熟語は「**荒唐無稽**（こうとうむけい）」です。「荒唐無稽」は、「根拠がなくでたらめなこと」を意味する言葉です。

（3）解答：八、十

作ることができる四字熟語は「**四六時中**（しろくじちゅう）」です。「四六」はかけ算です。つまり「24時間ずっと、一日中ずっと」という意味です。

（4）解答：交、話

作ることができる四字熟語は「**言語道断**（ごんごどうだん）」です。「言語道断」は、「言葉で表せないほどひどい、もってのほかだ」、という意味です。

（5）解答：花、島

作ることができる四字熟語は「**風光明媚**（ふうこうめいび）」です。「風光明媚」は、「山や川などの自然の景色が美しく、きれいであること」を意味する言葉です。

（6）解答：晩、命

作ることができる四字熟語は「**朝令暮改**（ちょうれいぼかい）」です。「朝に命令を出して夕方それを変えること」を意味する言葉です。「方針がすぐに変わって一定しない様子」を表します。

形式2：仲間はずれを探す問題

問13

以下の9つの漢字のうち、ペアになれないものが1つだけあります。それを選んでください。

難しさ ★★☆

（1）

絵	温	換
河	画	川
暖	変	午

（2）

日	席	楽
黄	昨	伸
欠	神	昏

（3）

敵	会	月
接	明	激
減	再	強

問13　解答・解説

(1) 解答：午

作られる二字漢字は、「絵画」、「温暖」、「河川」、「変換」です。

いずれも似たような意味をもつ字を並べたものです。

(2) 解答：席

作られる二字漢字は、「黄昏（たそがれ）」、「昨日（きのう）」、「欠伸（あくび）」、「神楽（かぐら）」です。

いずれも漢字の二字全体に対して特別に読みをつけるものです。熟字訓とも言います。

(3) 解答：接

作られる二字漢字は、「強敵（強い敵）」、「明月（明るい月）」、「再会（再び会う）」、「激減（激しく減る）」です。

いずれも前の漢字が後ろの漢字を修飾するものです。

Column

音から語彙を増やす

音にも着目してみましょう。このChapterの答えにある「深淵（しんえん）」「按分（あんぶん）」などは、「ん」が繰り返されるので耳になじみやすいと思います。「審美眼（しんびがん）」もそれに準じています。自分にとって響きがよいと感じる言葉から発音を覚え、そして意味を知るというのも、語彙を増やす方法の1つです。

形式2：仲間はずれを探す問題

問14 以下の9つの言葉のうち、ペアになれないものが1つだけあります。それぞれ選んでください。

難しさ ★★☆

(1)

ぎむ	たて	けんり
しぜん	ゆうひ	よこ
あさひ	じんこう	しんせつ

(2)

きよ	ぎりょう	にんたい
がまん	ひんかく	たいとう
しゅわん	ごかく	こうけん

(3)

リーマン	バイト	CEO
リモコン	スクショ	PC
オープン	コンビニ	テレビ

問14 解答・解説

(1) 解答：しんせつ(親切)

ペアになれるのは「たて（縦）－よこ（横）」「ぎむ（義務）－けんり（権利）」「あさひ（朝日）－ゆうひ（夕日）」「しぜん（自然）－じんこう（人工）」で、いずれも対義語です。

(2) 解答：ひんかく(品格)

ペアになれるのは「こうけん（貢献）－きよ（寄与）」「ぎりょう（技量）－しゅわん（手腕）」「たいとう（対等）－ごかく（互角）」「がまん（我慢）－にんたい（忍耐）」で、いずれも類義語です。

(3) 解答：オープン

ペアになれるのは「(サラ）リーマン－（アル）バイト）「コンビニ（エンスストア）－テレビ（ジョン)」「リモ（ート）コン（トロール）－スク（リーン）ショ（ット)」「PC（Personal Computer：パソコン）－CEO（Chief Executive Officer：最高経営責任者)」で、いずれも短縮があるものです。

Chapter 2

表現力（説明力）エクササイズ

この Chapter の目的・解説

表現力、もしくは説明力というのは、起きたこと、見たものを描写・表現し、他人に伝えることです。技術の進歩で、写真や動画などを利用して、起きたこと、見たものを他人に伝えることができるようになりましたが、機器を使っての情報伝達が必ずしもできるとは限りません。

したがって、機器を使っての情報伝達以外の方法、つまりは、口頭での伝達、もしくは手書き文字による伝達も必要であると言えます。この Chapter では、そのために必要な表現力、説明力をつけるための練習を行います。

最終的には、**起きたことや見たものを自分の力によって描写・表現するのが望ましい**のですが、本書ではそのための基礎的なエクササイズとして、正しい説明をしている文章を選ぶことから始めたいと思います。

そして次には「具体的でわかりやすい説明をしている文とは何か」ということを考える練習をして、起きたこと、見たものを描写・表現し、他人に伝えるための力を養ってください。

形式1：二者の違いを的確に説明する問題

アとイの違いについて説明しています。
正しいものをすべて選んでください。

難しさ ★★★

（1）　ア　　　　　イ

1. アとイは上げている腕が異なる。
2. アとイは上げている足が異なる。
3. アとイでは腕の動作が同じである。
4. アとイでは足の動作が同じである。

（2）　ア　　　　　イ

1. アとイは星の位置が異なるが、四角形の移置は同じである。
2. アとイは四角形と三角形と星の位置がそれぞれ異なる。
3. アとイではすべてのマークの位置が異なる。
4. アとイでは三角形の向きが逆である。

問1　解答・解説

（1）解答：2

アは右足、イは左足を上げています。このシルエットからは、腕や足の動作はわかりません。

（2）解答：2と4

アとイで星の位置も四角形と三角形の位置も異なります。また、3ではすべてのマークの位置が異なるのではなく、月の形をしたようなマークの位置は同じです。

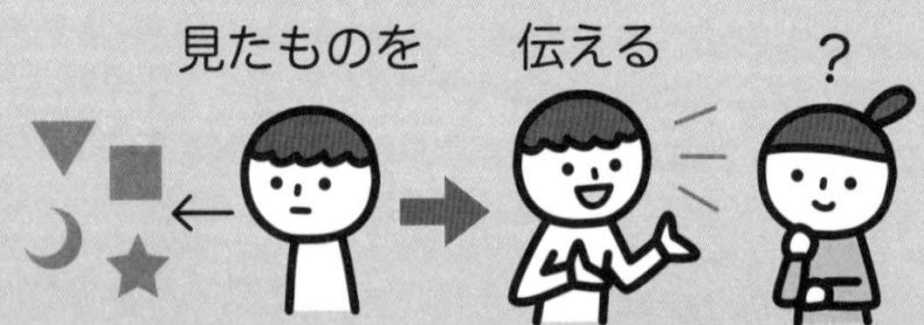

形式 1：二者の違いを的確に説明する問題

問 1

アとイの違いについて説明しています。
正しいものをすべて選んでください。

難しさ ★★★

（3）　ア　　　　イ

1. アは右耳に模様があるが、イにはない。
2. アはしっぽに模様があるが、イにはない。
3. アとイでは、持っているドングリの向きが異なっている。
4. アとイでは、しっぽを巻く向きが異なっている。

（4）　ア　　　　イ

1. アとイでは、缶に描かれている魚の向きが異なる。
2. アとイでは、缶に描かれている魚の種類が異なる。
3. アは道具がなくても開けられるタイプであるが、イは道具を使って開けるタイプである。
4. アは道具を使うと簡単に開けられるが、イは道具を使って開けると壊れてしまう可能性がある。

問1　解答・解説

（3）解答：3と4

1については、アにもイにも耳には模様はありません。2については、しっぽに模様があるのはイのほうです。

（4）解答：1と3

2については、魚の種類が同じかどうかまではこの絵からは読み取れません。4については、道具を使って開けると壊れるかどうかまではこの絵だけからは判断できません。

Column　描写・表現で大切なこと

Chapter 2の形式1の問題はイラストや図表を「描写・表現し他人に伝える」ものですが、その際に大切なことは「全体」と「部分」の両方を見ることです。スマートフォンのカメラで撮影するとき、被写体が画面全体に入るようにするか、拡大して部分だけを撮るか、指で画面を調整すると思います。それと同じ要領で、普段から身の回りのものを拡大、縮小してとらえるようにすると、描写・表現が上手になります。

形式1：二者の違いを的確に説明する問題

問1

アとイの違いについて説明しています。正しいものをすべて選んでください。

難しさ ★☆☆

（5）

ア

株式会社 Y.U.T.
山田 一郎
TEL:000-1234-5678
Mail:XXX@email.com
株式会社 Y.U.T.
〒000-0000
東京都●区●● ●●-●
TEL:03-1234-5678

イ

株式会社 Y.U.T.
マーケティング本部
代表 山田 一郎
TEL:000-1234-5678
Mail:XXX@email.com

1. アは縦型で横書きだが、イは横型で横書きである。
2. アには肩書があるが、イには肩書がない。
3. アとイでは所属が異なる。
4. アとイでは本社の住所が異なる。

（6）

ア

診察時間	月	火	水	木	金	土	日祝
9:00～12:30	●	●	ー	●	●	●※	ー
16:00～19:00	●	●	ー	●	●	ー	ー

※土曜日の診察は 13:30 まで

イ

診察時間	月	火	水	木	金	土	日祝
9:00～12:30	●	●	●	●	●	●	ー
15:00～18:00	●	●	ー	●	●	ー	ー

1. アは土曜日だけ午前の診察時間が長い。
2. イは祝日がある週を除いて、週に6日診察を行っている。
3. アもイも平日の午前は診察を行っている。
4. アもイも一週間の診察時間は 30 時間で、同じである。

問1　解答・解説

(5) 解答：1

肩書があるのはイだけです。また、アは所属・地位が書かれておらず、そしてイは住所が書かれていません。

(6) 解答：1と2

1については、※印に書いてある注意書きを見ましょう。2にいては、「祝日がある週を除いて、週に6日」という表現に注意しましょう。例えば、月曜日や木曜日に祝日がある場合は休診することを意味しますので、その場合は診察をする日は週に5日になります。

形式1：二者の違いを的確に説明する問題

問1

アとイの違いについて説明しています。
正しいものをすべて選んでください。

難しさ ★★★

(7) 鉄道などの自動改札機のイラストです。

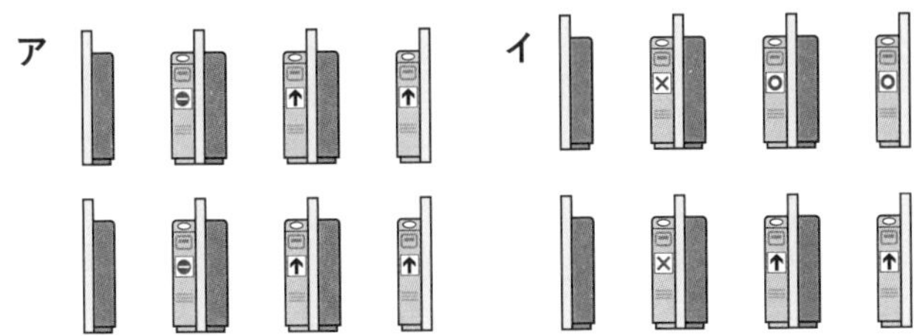

1. アは進入可能な場合矢印を使用し、
   進入不可の場合車両進入禁止のマーク⛔を使用している。
2. イは進入可能な場合矢印を使用し、
   進入不可の場合車両進入禁止のマーク⛔を使用している。
3. アは進入可能な場合○印を使用し、
   進入不可の場合×印を使用している。
4. イは進入可能な場合○印を使用し、
   進入不可の場合×印を使用している。

(8) ある鉄道の路線図です。東西線と南北線があります。

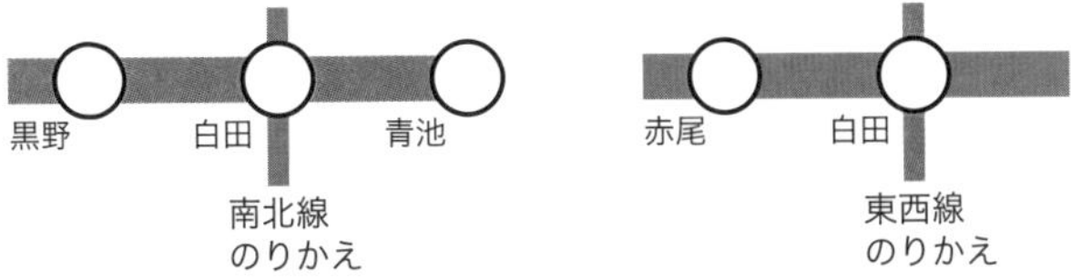

1. 黒野駅は東西線の終着駅である。
2. 白田駅は東西線と南北線の乗換駅である。
3. 赤尾駅から青池駅までは直接行くことができない。
4. 黒野駅から青池駅までは直接行くことができない。

問1　解答・解説

（7）解答：1

4も正しい文のように見えますが、イの下の自動改札機は「進入可能な場合矢印を使用し、進入不可の場合×印を使用している」という仕様になっています。

（8）解答：2と3

東西線には、黒野駅、白田駅、青池駅の3つの駅があることがわかります。南北線には赤尾駅と白田駅があることがわかります。1ですが、黒野駅は駅を表す○の両側に線があるため、途中駅である可能性が考えられます。よって終着駅であるとは言えません。4については、黒野駅と青池駅が同じ路線であるために、直接行けるものと考えられます。よって正しくはありません。

形式1：二者の違いを的確に説明する問題

問1

アとイの違いについて説明しています。
正しいものをすべて選んでください。

難しさ ★★★

(9)　ア　イ

明

1. イはアの全体を左右反転させたものである。
2. イはアの「月」の部分のみ左右反転させたものである。
3. イはアの「日」の部分のみ左右反転させたものである。
4. イはアの全体を左右反転させた後、「日」の部分のみさらに左右反転させたものである。

(10)　ア　イ

1. イはアを左右反転させたものである。
2. イはアの男の子の部分だけを左右反転させたものである。
3. アの扇風機をイで左右反転させたつもりが、イは扇風機が完全に反転していない。
4. アの「われわれは～」の部分をイで左右反転させたつもりが、イは「われわれは～」の反転になっていない。

問1　解答・解説

(9) 解答：4

1については、一見すると全体が左右反転しているように見えますが、「日」の部分は左右反転していません。2については、「月」の部分のみ左右反転させた場合、「日」と「月」の位置関係が変わりません（「日」が左で「月」が右のまま）。3については、「月」の部分のみ左右反転させた場合、やはり「日」と「月」の位置関係が変わりません。

(10) 解答：3と4

1については、完全に左右反転になっていると言えるのは座っている男の子の部分だけです。2については、ひらがなの部分も左右反転しているので、正しいとは言えません。

形式１：二者の違いを的確に説明する問題

問１　**アとイの違いについて説明しています。正しいものをすべて選んでください。**

難しさ ★★★

(11) ア：あたたかい（あったかい）、つまらない（つまんない）、ちいさい（ちっちゃい）

イ：いる（いらっしゃる）、する（なさる）、食べる（めしあがる）

1. アもイも、カッコの中にあるものはくだけた話し言葉においてよく用いられる。
2. アもイも、カッコの中の言葉を使うかは、人間関係による。
3. アのカッコの中にあるものはくだけた話し言葉であり、イのカッコの中にあるものは敬語である。
4. アのカッコの中にあるものは子どもがよく使う言い方であるが、イのカッコの中にあるものは大人がよく使う言い方である。

(12) ア：大学に入る、スポーツクラブに入る、消防団に入る

イ：テレビに出る、人前に出る、夜店が出る

1. アとイの「入る」と「出る」はそれぞれの意味の性質上、反意語（正反対の意味をもつ言葉）だと言える。
2. アとイの「入る」と「出る」は、本来の意味とは異なる使い方であると言える。
3. アは「入学」「入会」「入団」という別の言い方ができるが、イではそのようなことはできない。
4. アは「大学に姿を現す」というような「周囲にその姿を見せる」というような意味合いで用いるが、イではそのような意味合いでは用いない。

問1　解答・解説

（11）解答：3

1については、アはカッコの中にあるものはくだけた話し言葉においてよく用いられると言えます。2については、イはカッコの中の言葉を使うかは、人間関係によると言えます。アのカッコの中にあるものが人間関係によって使えないということはありません。4については、子どもがよく使うか大人がよく使うかで決められるものとは言えない言葉ばかりです。例えばイのカッコの中にあるものは敬語ですが、敬語が大人がよく使う言い方である、と断定することはできません。

（12）解答：2と3

1については、ある区切られた空間の外から中、中から外への移動の場合「入る」と「出る」は意味の性質によって反意語だと言えます。しかし、「夜店が出る」では、「出る」が「入る」の反意語であるとは言えません。2については、「ある区切られた空間の外から中、中から外への移動」というのが「入る」と「出る」のそれぞれの基本的な意味であるとされています。しかし、アとイの「入る」と「出る」は、移動ではありません。3については、「テレビに出る」のみ「出演」と言えますが、あとの2つはそのような言い方がありません。「夜店が出る」を「出店」にするのは無理があると思われます。4については、アではなくて、イの「テレビに出る」が「テレビの画面にその姿を見せる」といった意味になるように、イの「出る」ほうが「周囲にその姿を見せる」というような意味合いで用いられます。

Column　**わかりやすさは順序にあり**

順を追って述べている文、または時系列にそって述べている文は、多くの場合、わかりやすい文になっています。Chapter 2の問2の(7)の問題がよい例です。自分自身で「より具体的でわかりやすい説明」を行おうとする場合は、「順序はこれでよいか？」を心がけるとよいでしょう。

形式1：二者の違いを的確に説明する問題

問1

アとイの違いについて説明しています。
正しいものをすべて選んでください。

難しさ ★★★

(13)

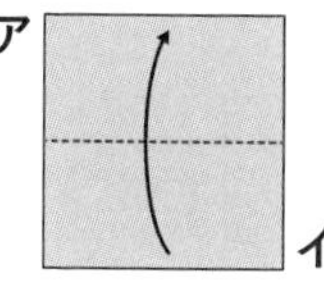

1 折り紙を縦半分に折って折り目をつける。

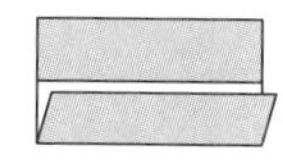

2 開いて、中央の折り線に合わせ、上下を折る。

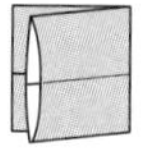

3 横半分に折って折り目をつける。

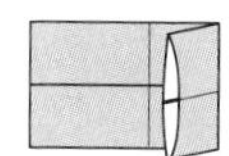

4 開いて、中央の折り線に合わせ、右側を折る。

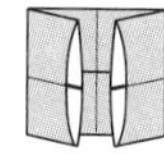

5 左側も折る。

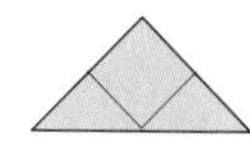

6 開いて45度回転し、三角になるように折る。

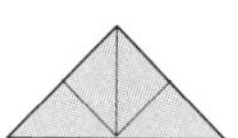

7 開いて反対に45度回転し、三角に折る。

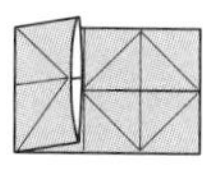

8 戻して右側の上下の角を開く。

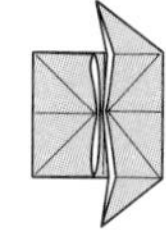

9 開いた上下の角をたたんで図のように折る。

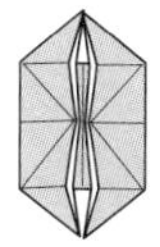

10 反対側も同様にたたみ、図のように折る。

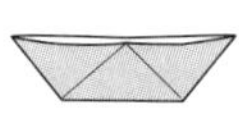

11 外側に二つ折りする。

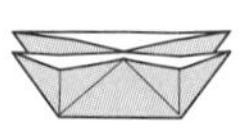

12 袋の部分を開き、「二双舟（にそうぶね）」の完成。

1. できあがったとき、アとイはともに左側にある。
2. できあがったとき、アとイはともに右側にある。
3. できあがったとき、アとイは異なる側にある。
4. できあがったとき、アとイは見えない位置にある。

問1　解答・解説

（13）解答：3

2の状態から最後の 12 まで、アとイの位置関係は変わっていません。説明図では縦になったり三角になったりしていますが、アとイが同じ側にはありません。10 から 11 のときにアとイの左右が入れ替わってしまう可能性がありますが、アとイが同じ側ではないことには変わりありません。

形式1：二者の違いを的確に説明する問題

問1 アとイの違いについて説明しています。
正しいものをすべて選んでください。 難しさ★☆☆

（14）

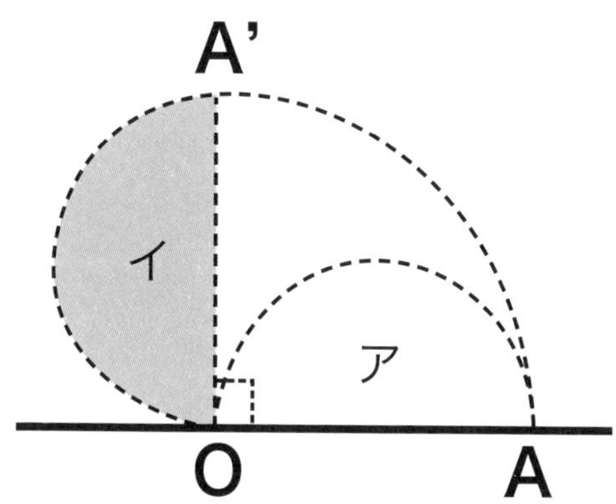

※アとイは同じ面積で同じ形とします。

1. アを、点Oを基準に反時計まわりに90度回転移動させるとイになる。
2. アを、直線OAがOを基準に直角になるような場所に移動させるとイになる。
3. アを、直線OAと直線OA’が重ならないように90度移動させるとイになる。
4. アを、起こして直立させるとイになる。

問1　解答・解説

(14) 解答：1と2

3は「直線OAと直線OA'が重なるように90度移動させるとイになる」とすれば正しい。4は「起こして直立」が点Aを基準にすることも可能であるため、起こして直立させたらイになるわけではありません。

形式1：二者の違いを的確に説明する問題

問2

以下の【A】【B】のそれぞれの文章を読み、「より具体的でわかりやすい説明」をしているほうを選んでください。

難しさ ★★★

(1)

【A】伊根の舟屋とは、京都府北部にある、海沿いに立ち並ぶ民家のことです。漁師が使う船を入れる場所の上に、家が立っているのです。わかりやすく言うと、船の格納庫の上に家が立っていて、それがたくさん並んでいる、という風景です。穏やかな湾を囲むように約230軒の舟屋があるそうです。珍しい風景であるため、毎年30万人近い観光客が来るそうです。

【B】京都府北部にある伊根の舟屋は、海沿いに立ち並ぶ民家です。漁師の船を入れる場所の上に、家が立っています。わかりやすく言うと、船の倉庫の上に家があって、それがたくさん並んでいるような風景で、漁が常に暮らしの中心にあると言えるでしょう。珍しい風景のため、毎年多くの観光客が訪れます。

(2)

【A】お店にとってありがたいのは、自店で頻繁に買い物をしてくれる客です。その客を他の客よりも優遇することで、自店を信頼し、愛着をもってくれて、さらには買い物をする回数が増えたり、高価な商品を購入してくれたりするようになります。このような優遇の一環として行われているのが、ポイントカードです。ポイントがたまればたまるほど、さまざまな特典が受けられるようになっているのが特徴です。

【B】お店にとって、自店で頻繁に買い物をしてくれる客は、重要な顧客です。その顧客を他の顧客よりも優遇することで、自店への信頼と愛着を深め、さらに買い物の回数や金額を増やしてもらうことができます。その優遇策の1つが、ポイントカードです。ポイントがたまればたまるほど、現金値引きや割引クーポンの配布などの特典が受けられるようになっています。

問2　解答・解説

（1）解答：A

Bは「わかりやすく言うと」で始まる文において「船の倉庫の上に家があって」というイメージしにくい部分があります。また、「漁が常に暮らしの中心にあると言える」という本筋ではない説明が続いていて、かえってわかりにくくなっています。また、Aのほうは「約230軒」「30万人近い観光客」のように数字での説明があり、より具体的であると言えます。

（2）解答：B

AもBも文面としてはほぼ同じですが、Bの最後の文に「現金値引きや割引クーポンの配布などの特典」とあるように特典の内容が具体的に書かれています。これによりAよりもBのほうがよりわかりやすい文章であると言えます。

Column　**「中心文」を手掛かりにする**

Chapter 2の問2の「より具体的でわかりやすい説明」とは、どのようなことでしょうか。詳しく表現していそうだからよいとは限りません。具体的な説明が表れるのは、述べたいことの中心となる文（中心文）の後です。まずは中心文を特定し、中心文を手がかりに、後続文がどれだけわかりやすく中心文をサポートしているかをチェックするとよいでしょう。

形式1：二者の違いを的確に説明する問題

問2 以下の【A】【B】のそれぞれの文章を読み、「より具体的でわかりやすい説明」をしているほうを選んでください。

難しさ★★★

(3)

【A】一戸建て住宅では、シロアリが気になります。対策を施すにはシロアリ駆除のための薬剤を散布する場合がありますが、その場合は5年の効果をめどに作られているので、確実に防ぐためにはさらに対策が必要となります。費用は30坪（100㎡）の木造平屋建ての住居の場合でだいたい30万円ぐらいかかると言われています。決して安くはない金額ですが、家を守るためには必要な出費かもしれません。

【B】一戸建て住宅では、シロアリの被害が懸念されます。対策としてシロアリ駆除のための薬剤を散布することがありますが、効果は5年程度と限られています。確実な防御を維持するには定期的な対策が不可欠です。典型的な例では、30坪（100㎡）の木造平屋建ての住宅においては、対策のためにかかる費用がおよそ30万円ほどと言われています。これは安くはない出費ですが、家を守るためには必要な投資とも言えるでしょう。

(4)

【A】銀行の基本的な業務は、預金業務や融資業務がまず思い浮かびますが、もう1つ忘れてはならないのが為替(かわせ)業務です。為替業務とは、銀行口座間での送金や振り込み、給料や年金の受け取り、電気代や水道代などの公共料金の引き落としなど、個人や企業がお金のやりとりや決済を行う際に必要な業務です。為替業務は、経済活動の円滑化に欠かせない重要な役割を果たしています。

【B】銀行の基本的な業務と言えば、預金や融資の業務がまず思い浮かびますが、もう1つ忘れてはならないのが為替業務です。銀行口座間での送金や振り込みをはじめ、給与や年金の受け取り、さらには公共料金の引き落としなど、個人や企業が資金の移動や決済を行うために欠かせない業務が為替業務なのです。預金、融資、為替の3つを、銀行の三大業務と呼ぶことがあります。

問2　解答・解説

(3) 解答：B

Aの「シロアリが気になります」より、Bの「シロアリの被害が懸念されます」のほうが「被害」と具体的に書かれている分、わかりやすいです。同じくAの「さらに対策」の部分もBの「定期的な対策」のほうが、対策が継続的であることがはっきりとわかります。

(4) 解答：A

この文章は、銀行の為替業務についての説明です。Aの2番目や3番目の文では「為替業務とは」「為替業務は」という始まり方で述べて、為替業務について説明しています。一方でBでは3番目の文は「銀行の三大業務」について述べる文に移ってしまっていて、為替業務のことについて述べたい文章なのかが曖昧（あいまい）になってしまっています。

形式1：二者の違いを的確に説明する問題

問2 **以下の【A】【B】のそれぞれの文章を読み、「より具体的でわかりやすい説明」をしているほうを選んでください。**

難しさ ★★★

(5)
【A】中央アジア、ウズベキスタンの古都サマルカンドは、晴天が多く、抜けるような青空が特徴です。サマルカンドは標高が約700 mと高いため、空気が澄んでいて空が青く見えると言われています。また、モスクに使われるラピスラズリという青色の石や、中国の陶磁器とペルシアの顔料が合わさってできた青タイルの色も見事です。これらのことから、サマルカンドは「青の都」と呼ばれています。

【B】中央アジア、ウズベキスタンの古都であるサマルカンドは、晴天が多いことによる抜けるような青空で知られています。また、モスクに使われるラピスラズリという青色の石や、中国の陶磁器とペルシアの顔料が合わさってできた青タイルの色がとても見事です。空の青、石の青、タイルの青など、いろいろな青があることから、サマルカンドは「青の都」というニックネームをもっています。

(6)
【A】日差しが強く気温が高い日には、戸外での活動時に、熱中症に注意する必要があります。炎天下では、発汗によって体内の水分や塩分が失われ、熱中症のさまざまな症状が出ます。めまいや頭痛、吐き気、倦怠感が見られるだけでなく、筋肉のけいれんや意識障害などの症状を引き起こすことがあります。そのため、日中の戸外での活動は、なるべく避けるようにしましょう。やむを得ず日中に戸外で活動する場合は、帽子を着用する、日よけを使用する、日陰で休憩する、こまめに水分や塩分を補給するのを忘れないようにしましょう。

【B】日差しが強く気温が高いときの戸外の活動は、熱中症に注意する必要があります。炎天下では発汗による脱水が進み、水分や塩分が減少することで、腕や足などの筋肉にけいれんが起きます。よって戸外での活動は朝夕にすることがおすすめです。やむを得ず日中に戸外で活動する場合は、帽子をかぶったり、日よけをつくってその下で作業したりしましょう。そしてこまめに水分や塩分を補給するのを忘れないようにしましょう。熱中症に気をつけて、夏の暑い日を乗り切るようにしてください。

問2 解答・解説

(5) 解答：A

Aの文には「サマルカンドは標高が約 700 m」という情報があり、Bより若干具体的な説明になっています。Bの「空の青、石の青、タイルの青など、いろいろな青があることから、…」の部分はAの「これらのことから、…」よりははっきりと書かれていますが、内容的には変わらず、具体的であるとまでは言えません。

(6) 解答：A

Aのほうが、熱中症の症状が詳しく書かれています。そしてやむを得ず日中に戸外で活動する場合の対策も、Bより多く書かれています。

形式1：二者の違いを的確に説明する問題

問2

以下の【A】【B】のそれぞれの文章を読み、「より具体的でわかりやすい説明」をしているほうを選んでください。

難しさ ★★★

(7)

【A】名和長年は、鎌倉時代後期から室町時代初期にかけての武将である。後醍醐天皇の鎌倉幕府倒幕運動に参加し、倒幕に貢献した。鎌倉幕府滅亡後は楠木正成らとともに後醍醐天皇の重臣となり、重要な役職に就いた。しかし、九州で挙兵した足利尊氏の軍勢と京都で戦うこととなり、戦死した。これ以前に楠木正成も足利尊氏によって討たれているため、後醍醐天皇側は重要な側近を相次いで失ったことになる。なお、長年の死後、その子孫である名和顕興は、室町幕府の有力な武将として活躍したという。

【B】名和長年は、鎌倉時代後期から室町時代初期にかけての武将である。後醍醐天皇の鎌倉幕府倒幕運動に参加し、倒幕に貢献した。鎌倉幕府滅亡後は後醍醐天皇の重臣となり、楠木正成らとともに後醍醐天皇の政治（建武の新政）において中心的な人物の一人となった。しかし、九州で挙兵した足利尊氏によって、流れが変わる。足利尊氏は神戸付近で楠木正成を討ち、そして京都へと向かった。京都で名和長年は、足利尊氏の軍勢と戦うことになるが防戦の後、敗死してしまう。長年の死は、後醍醐天皇にとって大きな痛手となり、後醍醐天皇側の勢力は衰退へと向かっていくのであった。

(8)

【A】鉄道のホームで設置が進むホームドア。日本では費用の面からホームの全面を覆うフルスクリーンタイプではなく、大人の腰から胸の高さの柵型のホームドアが主流となっている。だが、それでも設置は簡単にできるわけではない。まず、ホーム上の黄色い点字ブロックとホームドアを置く位置がほぼ重なるため、それをずらす作業が必要である。また、ホームは四角い積み木のような形ではなく、ホームの線路側は落下時の避難のために空洞になっている場所が多いため、そのままホームドアを設置すると崩れる危険がある。それゆえ、事前のホームの補強工事が必要となる。このようなことから、ホームドアの設置には費用と時間がかかるため、一気に設置を進めることができないのである。

【B】鉄道のホームに設置が進むホームドアは、日本では費用の面から、フルスクリーンタイプではなく、大人の腰ぐらいの高さの柵型が主流となっている。しかし、それでも設置は容易には進まない。まず、ホーム上の黄色い点字ブロックとホームドアがほぼ重なる位置にあるため、それをずらす必要がある。また、ホームは四角い積み木のような形ではなく、ホームの線路側は空洞になっている場所が多いため、そのままホームドアを設置すると崩れる危険がある。そのため、事前にホームの補強工事が必要となる。このように、ホームドア設置には費用と時間がかかるため、一気に設置を進めることができないのである。

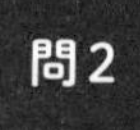

解答・解説

(7) 解答：B

鎌倉幕府滅亡後の説明が、AよりBのほうが細かく、具体的に書かれています。また、足利尊氏の九州挙兵以降の流れが時系列で書かれており、Aよりは具体的な説明になっていると言えます。逆にAの最後の文は「なお」で始まるように補足的な情報であるため、必要であるとは言えません。

(8) 解答：A

Bに比べてAのほうが「全面を覆うフルスクリーンタイプ」「大人の腰から胸の高さの柵型のホームドア」「ホームの線路側は落下時の避難のために空洞になっている」というように、具体的な説明が入っている箇所が多くあります。

形式１：二者の違いを的確に説明する問題

問2 以下の【A】【B】のそれぞれの文章を読み、「より具体的でわかりやすい説明」をしているほうを選んでください。

難しさ ★★★

(9)

【A】価格対応は、需要と供給のバランスを調整し、サービスの効率化を図るための重要な手段です。サービスの効率化はとても重要なことです。ただし、価格変動が利用者にとって予測困難であったり、負担が大きくなったりする場合には、利用者の利便性や公平性に配慮する必要があります。需要予測や利用者の要望を考慮しながら、価格対応を慎重に計画することが求められます。

【B】価格対応は、需要と供給のバランスを調整し、企業が提供するサービスの効率化を図るための重要な手段です。ただし、価格変動が利用者にとって予測困難であったり、負担が大きくなったりする場合には、利用者の利便性や公平性に配慮する必要があります。企業はサービスの需要を予測したり利用者の要望を考慮したりしながら、価格対応を慎重に計画することが求められます。

(10)

【A】健康的な生活を送ることを心がけている方は多いと思います。健康的な生活を送るためには、必要とされる栄養を摂ることはもちろん、食事の内容を多彩にすることも大事です。食事の内容を多彩にするためには、毎食、主食、主菜、副菜を食べること、野菜などを食べたり水をたくさん飲んだりすることなどが必要です。食事の内容を多彩にすることで、必要な栄養素を摂取するだけでなく、食事の楽しみが増え、健康的な生活を送るためのモチベーションを高めることができます。

【B】健康的な食事とは、必要な栄養素をバランスよく摂取することです。そのためには、食事の内容を多彩にすることが重要です。具体的には、毎食、主食、主菜、副菜をバランスよく食べること、質のよいタンパク質を取ること、野菜を多く食べること、果物を食べること、乳製品を食べること、水をたくさん飲むことなどが必要です。食事の内容を多彩にすることで、必要な栄養素を摂取することができます。また、食事の内容を多彩にすることで、食事の楽しみが増え、健康的な生活を送るためのモチベーションを高めることができます。

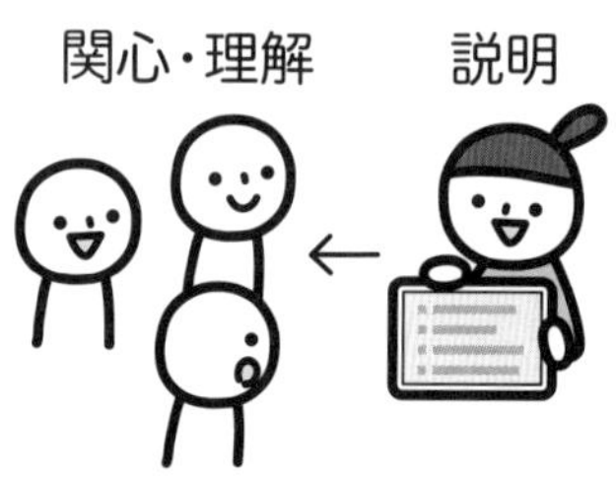

問1 解答・解説

(9) 解答:B

「企業が提供するサービス」「企業はサービスの…慎重に計画する」というように「だれが」の部分が明確になっている点で、Bのほうが具体的であると言えます。

(10) 解答:B

Bでは「食事の内容を多彩にすること」についての説明がAに比べて詳しく述べられている点でより具体的であると言えるでしょう。

Chapter 3

文法力エクササイズ

このChapterの目的・解説

「文法」というと、「名詞」「動詞」「形容詞」「五段活用」……といったイメージがあると思います。

ここで、英語の勉強を思い出してください。「have」は「もっている」という意味での動詞として学習しましたが、「have to」になると「〜なければならない」という意味で学習したのではないでしょうか。また「have to」の後は動詞の原形が来なければならない、とも学習しました。

文法というのは、言葉のルールです。少し掘り下げて言うと、**言葉と言葉を組み合わせるときの「組み合わせ方」です。組み合わせ方によって意味が変わったり使い方が制限されたりします。**

もちろん、日本語にも言葉のルールがあります。上記の「〜なければならない」もそうで、このひとかたまりで「義務・必要性」を表します。そして「〜なければならない」の「〜」の部分が「食べる」「飲む」のままでは日本語にならないので、「食べ」「飲ま」に変えて、「食べなければならない」「飲まなければならない」にします。

上記はほんの一例です。言葉の使い方を知ることで、より日本語を客観的に見るようにするとよいでしょう。**文章を客観的にとらえることによって、文章の意味を把握したり、文章を書いたりするときの判断力が高まります。**

形式１：仲間はずれを探す問題

問１　**【　】内に示す観点から見て、他と性質の異なるものを１～４の中から１つ選んでください。**　難しさ★★★

(1)【「を」の用法】

1　友達と映画を見た。
2　来年、大学を卒業する。
3　毎朝7時に家を出る。
4　次の停留所でバスを降ります。

(2)【「と」の用法】

1　対向車と衝突した。
2　友達とけんかした。
3　先生と相談した。
4　上司と話した。

(3)【「こと」の用法】

1　趣味は海釣りをすることです。
2　手軽な運動なら、歩くことがおすすめです。
3　博物館では、さまざまな歴史的資料を見ることができます。
4　目標を達成するためには、まず現状を把握することです。

(4)【「ところ」の用法】

1　これから買い物をしに出かけるところです。
2　今、出張先から帰ってきたところです。
3　ここは、ラーメン屋で使う生麺を作っているところです。
4　田中さんはお使いに行ってもらっているところです。

問1　解答・解説

(1) 解答：1

1の「を」は動詞「見る」の中身・内容を指します。ほかの「を」は自動詞とともに用いられ、経路・出発点を表す「を」です。

(2) 解答：2

「と」→「に」に置き換えてみることでわかります。2だけが不可能です。これは「けんかする」が必ずAとBの二者の双方向の動作であることを前提とする動詞だからです。他の「衝突する」「相談する」「話す」は二者双方向の動作である場合がありますが、自分から相手に行う一方向の動作としても使うことが可能です。その際には助詞は「に」を使います。

(3) 解答：4

「こと」は動詞と一緒に用いることでその動作を名詞として使います。ただし、4の場合はその使い方というより、「把握することです」全体で「把握しなければなりません」「把握すべきです」のような、義務・忠告の意味としての使い方を考えることができます。

(4) 解答：3

3の「ところ」は場所を意味します。それ以外は、動作の開始・途中・終了を表します。

用語解説

動詞…「見る」「する」「出る」など、ものの動きを表す言葉です。

自動詞…自らの動作や自然の動きを表す動詞。自動詞は、「わたしは寝る」「彼は飛んだ」など、主語と動詞だけで成り立ちます。

助詞…「は」「が」「を」「に」など、主として語と語の間に置かれ、主語や目的語を示す言葉です。

形式1：仲間はずれを探す問題

問2

【　】内に示す観点から見て、性質の異なるものを1～4の中から1つ選んでください。

難しさ ★★★

(1)【「れた」の用法】

1　タクシーに、警笛を鳴らさ**れた**。
2　背の高い男に、前に座ら**れた**。
3　有名な画家の絵が、盗ま**れた**。
4　学校帰りに、夕立に降ら**れた**。

(2)【「された」の用法】

1　一筆書か**された**。
2　荷物を持た**された**。
3　責任を取ら**された**。
4　おもちゃを壊**された**。

(3)【「た」の用法】

1　もう宿題はやっ**た**よ。
2　先月、田中さんに会っ**た**よ。
3　あのビルは去年でき**た**んだよ。
4　あの映画は面白かっ**た**よ。

(4)【「ている」の用法】

1　このセーター、穴が開い**ている**よ。
2　石井さんは今、資料に目を通し**ている**。
3　山田さんなら、もう来**ている**はずだ。
4　あれっ、トイレの電気がつい**ている**。

問2　解答・解説

(1) 解答：3

3の「れた」は「絵が被害に遭った」という受身を表します。「ものがどうなったか」という結果を表すものです。他は「こういうことがあって、私は嫌な思いをした」という受身を表します。

(2) 解答：4

4の「壊された」のみ、「壊した」の受身です。ほかは使役で、1は「書いた→書かされた」、2は「持った→持たされた」、3は「取った→取らされた」と変化しています。

(3) 解答：1

「た」は過去を表すのが一般的ですが、「〜したばかりである」ということを表す完了の意味をもつことがあります。1は「もう」がついているからわかるように、「宿題は今終わったばかり」ということを表します。ほかはすべて「過去」という言葉が表すように「過ぎ去った出来事・気持ち」を表しています。

(4) 解答：2

「ている」はいわゆる「現在進行形」を表すときに使う言葉なのですが、それ以外に「何かの動作が終わって一定の時間がたっている」ということを表すときに使います。2の「目を通している」は現在進行形を表していますが、それ以外は1の場合「穴が開いた」、3の場合「来た」、4の場合「電気がついた」ということが前提になっています。

用語解説

使役…「働かせる」「勉強させる」など、他に働きかけることを意味する表現。(2)の設問の選択肢1〜3では、「書かせた」からさらに「書かされた」という形に変わっています。これは「書かせる」という使役で表される動作の影響を受けたことを意味します。

形式1：仲間はずれを探す問題

問3

【　】内に示す観点から見て、他と性質の異なるものを1～4の中から1つ選んでください。 難しさ ★★★

(1)【複合名詞の成り立ち】

1　乗り入れ
2　乗り換え
3　乗り継ぎ
4　乗り降り

(2)【複合形容詞の成り立ち】

1　細長い
2　寝苦しい
3　蒸し暑い
4　慎み深い

(3)【「かける」の用法】

1　初対面の人に話し**かける**。
2　書類を書き**かける**。
3　聴衆に壇上から問い**かける**。
4　協力を呼び**かける**。

(4)【「出す」の用法】

1　赤ちゃんが泣き**出した**。
2　雨が降り**出す**と困るな。
3　戸棚から皿を取り**出した**。
4　明日に向かって、走り**出そう**。

問3　解答・解説

(1) 解答：4

4のみ「乗りる+降りる」という逆の動作の組み合わせになっています。また、1の場合は「乗り入れる」、2の場合「乗り換える」、3の場合「乗り継ぐ」という形で表すことができますが、4は「乗り降りる」という言い方はありません(「乗り降りする」ならあります)。

(2) 解答：1

1は「細い+長い」の複合で、形容詞どうしの組み合わせです。他の場合、2は「寝る+苦しい」、3は「蒸す+暑い」、4は「慎む+深い」のように、動詞と形容詞の組み合わせになっています。

(3) 解答：2

2の「かける」は「始める」という意味があります。他の「かける」は動作・働きかけをその方向に向かって行うことを表します。

(4) 解答：3

「出す」も「始める」という意味があります。ただし3は、「取ってから出す」という「出す」の本来の意味で使われています。

用語解説

形容詞…「青い」「美しい」「おもしろい」など、物事の雰囲気・様子を表す言葉です。

形式１：仲間はずれを探す問題

問4 1～4の言葉の関係のうち、性質の異なるものを1つ選んでください。

難しさ ★★☆

（1）

1. 集まる－集める
2. 凍る－凍らせる
3. 甘やかす－甘える
4. 移す－移る

（2）

1. 読む－書く
2. 走る－歩く
3. 見る－聞く
4. 取る－はずす

（3）

1. たのしい－うれしい
2. おいしい－うまい
3. こまかい－くわしい
4. あたらしい－きれい

（4）

1. 悔しい－悔しがっている
2. 痛い－痛がっている
3. 恥ずかしい－恥ずかしがっている
4. 強い－強がっている

問4　解答・解説

(1) 解答：2

動詞には自ら動作を行うことや自然変化を表す「自動詞」と、働きかけを行ったり作用を与える「他動詞」の2種に分けることがあります。いずれも自動詞と他動詞のペアに見えますが、2は「凍らせる」が他動詞ではなく、使役です。

(2) 解答：3

動詞の活用にはいくつか種類があり、五段活用、上一段活用、下一段活用などがあります。1〜4にある動詞のうち、3の「見る」だけが上一段活用の動詞。他はすべて五段活用の動詞です。

(3) 解答：4

物事の様子を説明するものとして形容詞と、形容動詞があります。1〜4にある言葉のうち、4の「きれい」は形容動詞です。「きれいな」「きれいに」と変化します。他はすべて形容詞です。「たのしく」「たのしかった」のように変化します。

(4) 解答：4

1〜3は、形容詞の中でも感情を表すもので、その場合に「がっている」がつくと「今の一時的な感情・様子を伝える」ということと、「ふりをする」という2つの意味があります。一方で4の「強い」は感情を表す形容詞ではないので、「がっている」がつくと「ふりをする」の意味しかもちません。

用語解説

形容動詞…「きれいだ」「便利だ」など、物事の雰囲気・様子を表す言葉のうち、名詞の前で「だ」が「な」に置き換わるものです。

形式１：仲間はずれを探す問題

問5 **AとBの文について、説明が間違っているものを1～4の中からぜんぶ選んでください。1つとは限りません。**

難しさ★★★

(1) **A. 東京に行くとき、山田さんに会った。**
B. 東京に行ったとき、山田さんに会った。
1. Aの文を書いた人は、東京に行く途中で山田さんに会っている。
2. Aの文を書いた人は、東京に着いてから山田さんに会っている。
3. Bの文を書いた人は、東京へ向かう新幹線の車内で山田さんに会っている。
4. Bの文を書いた人は、東京旅行中に山田さんに会っている。

(2) **A. 宝くじで10億円当たったら、何をしますか。**
B. 6時になったら、出発します。
1. Aは「もし」という仮定を表す文である。
2. AもBも「もし」という仮定を表す文である。
3. Aは必ず10億円当たることを想定している文である。
4. Bは必ず6時になることを想定している文である。

(3) **A. 彼の秘密を全部しゃべっちゃった。**
B. 肉を焦がしちゃった。
1. Aには「うっかり～した」の意味がある。
2. AにもBにも「うっかり～した」の意味がある。
3. Aには「行動が終わる」の意味がある。
4. AにもBにも「行動が終わる」の意味がある。

問5　解答・解説

(1) 解答：2と3

Aの「東京に行くとき、山田さんに会った」は、家を出てから東京に着くまでの間のどこか（例えば駅とか新幹線の車内とか）で山田さんに会っている場合に使います。一方で、Bの「東京に行ったとき、山田さんに会った」は、東京に着いたあとに山田さんに会っているときに使います。

(2) 解答：2と3

Aは「もし10億円当たったら…」という仮定を表す文ですが、Bの場合は「もし6時になったら…」ということを表せません。時間の流れの中では必ず6時という時刻が来ることは決まっているからです。

(3) 解答：4

「てしまった（ちゃった）」には「うっかり〜した」の意味と「するのが終わる」の意味の両方がありますが、どちらの意味をもつかは状況によります。Aの「秘密を全部しゃべっちゃった」には両方の意味の解釈が可能ですが、Bの「肉を焦がしちゃった」の場合「肉を焦がすのが終わる」というのは変な解釈になります。全部焦がすことを目的とするのなら話は別ですが……特別な場合を除き、そんなことをわざわざしませんよね。

用語解説

五段活用…動詞「書く」は「書かない・書きます・書く・書けば・書こう」というように「か・き・く・け・こ」の五つの段を使って変化します。このようなタイプを五段活用といいます。

上一段活用…動詞「借りる」は「借りない・借ります・借りる・借りれば・借りよう」というように「借り＋語尾」という変化をします。「り」をはじめ、語尾の前はウの段を基準にすると一つ上の段になります。このようなタイプを上一段活用といいます。

下一段活用…動詞「受ける」は「受けない・受けます・受ける・受ければ・受けよう」というように「受け＋語尾」という変化をします。「け」をはじめ、語尾の前はウの段を基準にすると一つ下の段になります。このようなタイプを下一段活用といいます。

形式２：空欄にあてはまるものを考える問題

問６ それぞれの文章を読み、〔A〕にあてはまる言葉を1～4の中から1つ選んでください。 難しさ ★★★

(1) 教育は、個人の成長や社会の発展に欠かせないものです。教育の充実を図ることは、経済成長や社会の安定につながる重要な役割を果たしています。〔　A　〕、教育には、費用や時間などのコストも伴います。経済的な格差によって教育の機会が均等になされないケースも現れてしまいます。教育の機会をすべての人に平等に提供するためには、教育の費用や時間の負担を軽減するなどの対策が必要です。

1. そのため
2. つまり
3. しかし
4. それでも

(2) 銀行口座の残高をチェックしたら、銀行の引き落とし額が前より増えているのに気づいた。サブスクの料金が値上げされている。そう言えば最近、さまざまなサブスクの会社から価格改定のお知らせが来ていたなあ。1つ解約しようかなあ。映画のにしようか、〔　A　〕、アニメのにしようか、迷うなあ。

1. また
2. それとも
3. それから
4. それはそうと

問6　解答・解説

(1) 解答：3

〔　A　〕の前で教育の重要性を述べたあとで、〔　A　〕のあとでは教育には課題があることを述べることで、教育の重要性と課題のそれぞれを述べようとしています。この両者の違いは逆方向のものにも見えます。そのようなことを表現するには、3の「しかし」が適切な接続詞です。

(2) 解答：2

〔　A　〕の前後ではどちらにするか迷っているので、選択のときに使う2の「それとも」がふさわしいです。3の「それから」は先に何かをして、次に別の何かをするときに使います。今は順序に迷っているわけではないので、3の「それから」は不適切です。

文法は言葉のルール

形式2：空欄にあてはまるものを考える問題

問6 それぞれの文章を読み、〔A〕にあてはまる言葉を1～4の中から1つ選んでください。

難しさ ★★☆

(3) 宇宙にある物体はすべて動き続けていると考えられています。地球は太陽の周りを回っています。その太陽も、天の川銀河の中で周回しています。〔　A　〕、秒速約240kmという速さで。つまり、太陽は惑星をしたがえてとんでもない速さで周回しているのです。そしてその天の川銀河も、秒速600kmという想像もできない速さで、うみへび座の方向に向かって突き進んでいるのです。

1. さらに　　2. しかも
3. それに　　4. もっとも

(4) 税金の優遇措置には、医療費控除や社会保険料控除などがあります。ほかには企業が新規に研究開発した場合のライセンス料について税金をかけないことなどもあります。このような税金の優遇措置は、経済や社会の特定の目的を達成するための手段として重要な役割を果たしています。〔　A　〕、税制優遇措置の設計や運用には公平性や透明性を確保する必要があります。税金の優遇措置は、法的な規制や条件を遵守し、公共の利益や社会的な目的に沿って適切に運用されるべきです。

1. また　　2. しかし
3. やはり　　4. どうしても

問6　解答・解説

(3) 解答：2

「さらに」と「しかも」は似た意味ですが、1の「さらに」は前に出てきたものよりも程度が強くなる（増える）ことに対して使われます。一方で2の「しかも」は前に出てきたことに加えて別の情報を述べたいときに使われます。3の「それに」は前に出てきたことと似たようなことをつけ加えるときに使います。4の「もっとも」は前の文で言ったことの補足をするときに使います。ただし、例外や否定的な補足がほとんどです。

(4) 解答：1

〔　A　〕の前後では税金の優遇措置について述べています。まず2の「しかし」は除外されます。3の「やはり」は「前のもの、ほかのものと予想通り、期待通りである」ということを表す語ですがAの前後では予想や期待について話してはいません。よって1の「また」がふさわしいです。「また」はほかにも述べたいことがあるときに使う言葉です。

Column

意味が似ている言葉を意識

　このChapter 3で身につけてほしいもう1つの視点は、「意味が似ている言葉を意識する」ことです。例えば問6の（3）には「さらに」と「しかも」が出てきますが、両者は似ているものの、意味が微妙に異なります。違っていると気づいたら「似ているのだけどな～」で終わらせず、両者の差異を調べて理解するという探究心をもつようにしましょう。

形式2：空欄にあてはまるものを考える問題

問6 それぞれの文章を読み、〔A〕にあてはまる言葉を1～4の中から1つ選んでください。

難しさ ★★★

(5) イチョウ（学名：Ginkgo biloba）はイチョウ科に属する唯一の属であり、イチョウ1種のみが現存する。イチョウが出現したのは3億年前のペルム紀と言われており、中生代（特にジュラ紀）まで全世界的に繁茂した。かつては17属あったとされる。これらは現存するイチョウを除き、氷河時代を迎えたころに絶滅した〔A〕。イチョウは地理的遺存種とも呼ばれ、かつては北米からヨーロッパにかけて広い範囲に分布していたが、中国のイチョウのみ生き残った。イチョウが日本に持ち込まれたのは定かではないが、13世紀から14世紀にかけてであると言われている。

1．とはいえない　　3．そうである
2．はずがない　　4．ことがある

(6) 「文章を書くのが苦手だ」という人にとって、文章を書くことはとても大変なことだ。でも、実際はそれほど難しいことではない。例えば、何か珍しいものが目の前にあったとしよう。「おや、何だこれは?」と思いながらそれをよく見る。そのときに私たちは、大きさ、形、色、動くのかどうか、食べられるのかどうか、食べられる場合はおいしいのかどうか、いろいろなことを観察する。その観察したことを文にして並べるだけで、文章はできあがる。まずは書いてみることが大事だ。書きもしないで「苦手だ」と〔A〕。

1．言わないわけにはいかない
2．言いかねない
3．言うべきではないだろうか
4．言ってはいけない

問6　解答・解説

(5) 解答：3

〔　A　〕を含む直前の文に「とされる」という表現があり、伝聞の形を取っています。〔　A　〕を含む文は「これらは」で始まるので、同じく伝聞による文であると考えられます。そうなると、伝聞を表す表現は3の「そうである」しかありませんので、これが答えになります。

(6) 解答：4

〔　A　〕を含む文の直前には「まずは書いてみることが大事だ」と書いてあり、書くことなしに苦手だと言うよりも、まずは文章を書くことの大事さを述べているのがわかります。そのため、「苦手だ」と言うことを希望していないものを選ばなければなりません。この中では4の「言ってはいけない」がそれにあたります。

Column

同じ意味？　違う意味？

　この Chapter 3で身につけてほしい視点の1つに、「同じ形だが意味が異なる言葉に気づくこと」があります。例えば、「毎日、動画を見る」と「今から動画を見る」では「見る」の意味が異なります。前者は繰り返しを表し、後者はこれからの動作を表します。日々の生活の中で同じ表現がある場合、「同じ意味？　違う意味?」と考える習慣をつけるとよいでしょう。

形式2：空欄にあてはまるものを考える問題

問6　それぞれの文章を読み、〔A〕にあてはまる言葉を1～4の中から1つ選んでください。

難しさ ★★☆

(7) 割合を示すとき、「：」の記号を使う。例えば小さじ1杯分の砂糖と、小さじ2杯分の塩を混ぜた場合、「砂糖と塩を1：2の割合で混ぜる」と表現する。この場合の「：」の記号は「対(たい)」と読まれることが多い。一方でお知らせなどで「開演：午後6時30分」と書かれるときもあるが、この場合は決まった読み方〔A〕。

1．にならなければならない
2．にともなっている
3．があるわけではない
4．があることになる

(8) スポーツで使う靴や衣類を製造する有名な企業に「アディダス」という会社があります。1920年、ドイツのニュルンベルク近郊のヘルツォーゲンアウラッハという町で、兄ルドルフ・弟アドルフのダスラー兄弟が靴製造の会社「ダスラー兄弟商会」を設立しました。主にルドルフが販売、アドルフが生産を担当していました。

第2次世界大戦後の1948年、兄弟の意見対立により「ダスラー兄弟商会」を解消し、アドルフは新しい会社を作りました。そのとき、アドルフ（Adolf）の愛称であるアディ（Adi）と、ダスラー（Dassler）を短縮した「ダス（Das）」をつなげて「アディダス（adidas）」という名前にしました。その後サッカー〔A〕さまざまなスポーツ用の靴や衣類を作っています。

ちなみに、兄のルドルフ（Rudolf）も同じ町に靴の会社を作りました。アドルフが「アディダス」という名前にしたので「ルディダス」という名前にしたのかと思うかもしれませんが、その名前は「プーマ」という名前でした。こちらもサッカーなどスポーツ用の靴や衣類を扱う世界的に有名な会社になりました。

1．で知られる
2．にちなんで
3．をはじめ
4．のはずが

問6 解答・解説

(7) 解答：3
〔 A 〕を含む文の前を見ると、「：」の記号の読み方があるので、後半はそれと対比的に述べていることに気がつく必要があります。最後の部分は「決まった読み方はない」とするのがわかりやすいのですが、それと同じ選択肢がないので一番近いものを選びます。この場合は3の「あるわけではない」が該当します。

(8) 解答：3
アディダスの製品を思い浮かべれば、サッカーの靴だけではないことがわかるので、3の「～をはじめ」であることがわかると思いますが、最後の文に「こちらもサッカーなどスポーツ用の靴や衣類を扱う世界的に有名な会社になりました」と書かれているので、ここからアディダスがサッカーの靴以外にも製品を作っていることがわかります。

形式３：正しい順序に並べ替える問題

問7　**以下の1～4を並べ替えて意味が通る文を完成させたとき、［★］の位置に来るものはどれですか。**

難しさ ★★★

(1) 彼は社内の［　］［　］［★］［　］を上げた。

1. 成果
2. 改革
3. それなりの
4. に対して

(2) 彼の発言は、［　］［★］［　］［　］がある。

1. きらい
2. 逸脱する
3. 趣旨から
4. 会議の

(3) 成績［★］［　］、［　］［　］可能性があります。

1. によっては
2. 変わる
3. いかん
4. 進学先が

(4) 彼女は［　］［　］［　］［★］、試験で高い点数を取って合格しました。

1. ずくめの
2. 送り
3. 勉強
4. 日々を

問7　解答・解説

（1）解答：3

正しい順序は以下の通りです。

彼は社内の［2、改革］［4、に対して］［★3、それなりの］［1、成果］を上げた。

（2）解答：3

正しい順序は以下の通りです。

彼の発言は、［4、会議の］［★3、趣旨から］［2、逸脱する］［1、きらい］がある。

（3）解答：3

正しい順序は以下の通りです。

成績［★3、いかん］［1、によっては］、［4、進学先が］［2、変わる］可能性があります。

（4）解答：2

正しい順序は以下の通りです。

彼女は［3、勉強］［1、ずくめの］［4、日々を］［★2、送り］、試験で高い点数を取って合格しました。

形式3：正しい順序に並べ替える問題

問7 以下の1～4を並べ替えて意味が通る文を完成させたとき、［★］の位置に来るものはどれですか。 難しさ ★★★

(5) 彼の［★］［　］、［　］［　］もうまくいく。

1. 手に
2. プロジェクト
3. どんな
4. かかると

(6) 彼はこれまでの［　］［　］［★］［　］がない。

1. 練習で
2. ためし
3. 取り組んだ
4. 熱心に

(7) 初対面の人に［　］［　］［　］［★］、相手を怒らせてしまった。

1. 質問を
2. 極まりない
3. 失礼
4. したため

(8) ［　］［★］［　］［　］、遅刻した事実は変わらない。

1. 言い訳を
2. ところで
3. した
4. いくら

問7　解答・解説

(5) 解答：1

正しい順序は以下の通りです。

彼の［★1．手に］［4．かかると］、［3．どんな］［2．プロジェクト］もうまくいく。

(6) 解答：3

正しい順序は以下の通りです。

彼はこれまでの［1．練習で］［4．熱心に］［★3．取り組んだ］［2．ためし］がない。

(7) 解答：4

正しい順序は以下の通りです。

初対面の人に［3．失礼］［2．極まりない］［1．質問を］［★4．したため］、相手を怒らせてしまった。

(8) 解答：1

正しい順序は以下の通りです。

［4．いくら］［★1．言い訳を］［3．した］［2．ところで］、遅刻した事実は変わらない。

形式3：正しい順序に並べ替える問題

問8 以下の1〜4の文を並べ替えて文章を完成させたとき、最後にくるものはどれですか。

難しさ ★★★

(1) 東京の有名な街の1つに吉祥寺というところがあるが、吉祥寺に「吉祥寺」という寺院は存在しない。普通は「○○寺」という地名には同名の寺院があるのが一般的である。これはどういうことだろうか。

1. その寺の門前町が明暦の大火（1657 年）で焼失してしまった。
2. その後、幕府がその場所に大名屋敷を建てるということで、住民は武蔵野の地に集団移住をし、開発を始めるのであった。
3. もともとは東京の本郷（文京区）に吉祥寺という寺があった。
4. 一帯は焼け野原になってしまった。

そして吉祥寺に愛着をもっていた住人たちにより、新しい街は吉祥寺村と名づけられた。これが今の吉祥寺である。

(2) 高校生の段階では、自分の適性や就職したい分野・職業について、知識が少ない人がいる。

1. 将来やりたいことが決まっていない人にとっては、高校生の段階で自分の進路を決めるのは難しい。
2. だから、大学に行くという選択肢がある。
3. さらに、考える時間が増えるので、自分自身のことや、将来の人生設計についてじっくり吟味することができる。
4. そのような場合、大学に行くことによって、社会に出たときに生かすことができるスキルを学んだり、将来に役に立つ資格を取得したりすることもできる。

問8　解答・解説

（1）解答：2

正しい順序に並べ替えると、3−1−4−2です。

<正しい順序に並べた文章>

東京の有名な街の1つに吉祥寺というところがあるが、吉祥寺に「吉祥寺」という寺院は存在しない。普通は「○○寺」という地名には同名の寺院があるのが一般的である。これはどういうことだろうか。もともとは東京の本郷（文京区）に吉祥寺という寺があった。その寺の門前町が明暦の大火（1657年）で焼失してしまった。一帯は焼け野原になってしまった。その後、幕府がその場所に大名屋敷を建てるということで、住民は武蔵野の地に集団移住をし、開発を始めるのであった。そして吉祥寺に愛着をもっていた住人たちにより、新しい街は吉祥寺村と名づけられた。これが今の吉祥寺である。

（2）解答：2

正しい順序に並べ替えると、1−4−3−2です。

<正しい順序に並べた文章>

高校生の段階では、自分の適性や就職したい分野・職業について、知識が少ない人がいる。

将来やりたいことが決まっていない人にとっては、高校生の段階で自分の進路を決めるのは難しい。そのような場合、大学に行くことによって、社会に出たときに生かすことができるスキルを学んだり、将来に役に立つ資格を取得したりすることもできる。さらに、考える時間が増えるので、自分自身のことや、将来の人生設計についてじっくり吟味することができる。

だから、大学に行くという選択肢がある。

形式2：空欄にあてはまるものを考える問題

問8 以下の1～4の文を並べ替えて文章を完成させたとき、最後にくるものはどれですか。

難しさ ★★★

(3) ある人が親や上司から叱られたときに、「大目玉を食らった」とは言うが、「大目玉を食べた」とは言わない。なぜだろう？

1. これは、言葉や表現が特定の意味合いやニュアンスをもつためだ。
2. 確かに「大目玉を食らった」という表現は、説教や叱責を受けたときに、その厳しさや重さを強調するために使われる一方、「大目玉を食べた」とは言わない。
3. 言語表現には習慣が影響を与え、特定の言い回しやフレーズが特有の状況や感情を的確に伝えることがある。
4. そのため、「大目玉を食らった」というフレーズが、叱責の厳しさや威圧感を効果的に表現できるのであり、「大目玉を食べた」という表現では、伝えたいニュアンスを正確に表現できない可能性がある。

(4)

1. 一方、脱脂粉乳は乳脂肪を取り除いた乳粉であり、長期保存が可能で、乳製品の風味や栄養素を提供するために使用されます。
2. このように、バターと脱脂粉乳では加工方法および提供目的が異なります。
3. バターは乳脂肪を主成分として、風味や食感を提供するために使用されます。
4. バターと脱脂粉乳は、ともに乳製品の一部であり、生乳（せいにゅう）を加工して得られる製品です。

問8　解答・解説

(3) 解答：4

正しい順序に並べ替えると、2−1−3−4です。

<正しい順序に並べた文章>

ある人が親や上司から叱られたとき「大目玉を食らった」とは言うが、「大目玉を食べた」とは言わない。なぜだろう?

確かに「大目玉を食らった」という表現は、説教や叱責を受けた時に、その厳しさや重さを強調するために使われる一方、「大目玉を食べた」とは言わない。これは、言葉や表現が特定の意味合いやニュアンスを持つためだ。言語表現には習慣が影響を与え、特定の言い回しやフレーズが特有の状況や感情を的確に伝えることがある。

そのため、「大目玉を食らった」というフレーズが、叱責の厳しさや威圧感を効果的に表現できるのであり、「大目玉を食べた」という表現では、伝えたいニュアンスを正確に表現できない可能性がある。

(4) 解答：2

正しい順序に並べ替えると、4−3−1−2です。

<正しい順序に並べた文章>

バターと脱脂粉乳は、ともに乳製品の一部であり、生乳を加工して得られる製品です。バターは乳脂肪を主成分として、風味や食感を提供するために使用されます。一方、脱脂粉乳は乳脂肪を取り除いた乳粉であり、長期保存が可能で、乳製品の風味や栄養素を提供するために使用されます。このように、バターと脱脂粉乳では加工方法および提供目的が異なります。

Chapter 4

要約力エクササイズ

この Chapter の目的・解説

要約というのは、つまり「内容を短くすること」なのですが、どこをどのように短くするのがよいのか、情報をどこまでカットしてよいのかという判断は難しいことです。仮に、あまりに短い要約になったとしても、受け手が理解できればそれでOKということもあるでしょう。

Chapter 2の【この Chapter の目的・解説】でも述べましたが、表現力、もしくは説明力を身につけるには、自分の力によって描写・表現するのが望ましいです。

同様に、**要約力を身につけるのにも、自分の力によって文章を短くする練習をするのが望ましいです。**ですが本書ではそのための基礎的なエクササイズとして、望ましいとされる要約を選ぶことから始めましょう。

この Chapter の練習問題を通してどこをどう短くするのがよいのかを考える練習をして、長い文章をコンパクトにして相手に伝える力を養ってください。

形式1：定義・説明的文章を要約する問題

AB

問1 以下の文章を読み、要約としてよりふさわしいものを、1、2の中から選んでください。

難しさ ★★★

ユビキタス（Ubiquitous）とは「遍在」という意味で、あらゆる場所や状況に普及して存在し、常に利用可能であることを指します。ICTの世界では、コンピューターやネットワークがあらゆる場所に存在し、利用者が意識することなく、さまざまなデバイスやネットワークが日常生活の中に存在し、相互に接続され、いつでもどこでも情報やサービスを利用できるようにすることを指します。具体的には、スマートフォンやタブレット端末の普及、スマートウォッチのようなウェアラブル端末の普及などが挙げられます。これらは情報技術や通信技術の進歩により、小型化したコンピューターやセンサーの開発、高速・大容量ネットワークの整備と密接なかかわりがあります。

1．ユビキタスとは、コンピューターやネットワークがあらゆる場所に存在し、利用者が意識することなく、いつでもどこでも情報やサービスを利用できるようにすることを指す。情報技術や通信技術の進歩により、さまざまなデバイスやネットワークが日常生活の中に統合されている。

2．ユビキタスは「遍在」を意味する言葉である。ICTの世界では、あらゆる場所に存在し、利用者の気づかない間にデバイスやネットワークが連携し、情報やサービスが提供される概念を指す。スマートフォンなどの端末の普及と、コンピューターとネットワークの進化は密接な関係にある。

問1　解答・解説

解答：2

文章に述べられていることのほとんどはICTの世界で用いられている「ユビキタス」の意味ですが、一般的な意味の部分も本文では言及されているので、それは要約文でも書いておいたほうがよいでしょう。そのため1より2のほうがふさわしいのです。

Column

要約上達法❶

　要約力をつけるには、「読み飛ばし」の練習も大事です。文の中の説明的な部分を見つけたら、そこを読み飛ばしてみましょう。飛ばして読んでも文の意味が理解できるのであれば、その部分はなくてもよいと言えます。この訓練を繰り返すと、「必要な部分を拾って読む」ことができるようになるでしょう。

形式1：定義・説明的文章を要約する問題

問2 以下の文章を読み、要約としてよりふさわしいものを、1、2の中から選んでください。

難しさ ★★★

自己開示とは、自分の内面を他者に伝えることです。具体的には、自分の考え、感情、価値観、経験、趣味、嗜好など、自分自身に関する情報を他者に伝えることを指します。これはコミュニケーションの一環であり、他者との関係を深め、理解を促進するために重要です。自己開示は、言葉、行動、非言語的な手段を通じて行われることがあります。

自己開示はコミュニケーションの信頼性や深さを構築する手段として非常に重要ですが、同時に適切な範囲で行われる必要があります。あまりにもプライベートな情報は、関係や状況によっては共有しないようにすることも大切です。適切な自己開示は相手との信頼関係を築く一方で、自分のプライバシーを守る役割も果たします。

1. 自己開示は、自分の内面を他者に伝える行為であり、考えや感情、価値観、経験、趣味、嗜好などに関する情報を共有することを指します。他者との関係を深め、理解を促進します。ただし、適切な範囲で行う必要があり、プライベートな情報は関係や状況に応じて慎重に共有されるべきです。適切な自己開示は信頼関係の構築に寄与する一方で、プライバシーを保護する役割もあります。

2. 自己開示とは、自分の内面を他者に伝えることであり、コミュニケーションの一環として重要です。ただし、適切な範囲で行う必要があり、プライベートな情報は関係や状況に応じて慎重に共有されるべきです。自己開示は信頼関係の構築に寄与する一方で、プライバシーの保護も含まれる重要な要素です。

問2　解答・解説

解答：1

2は本文の「具体的には、自分の考え、感情、価値観、経験、趣味、嗜好など」をそぎ落とすなどかなりシンプルな文章になっていますが、最後の「プライバシーの保護も含まれる重要な要素です」の部分が意味をわかりにくくしています。本文の「自分のプライバシーを守る役割も果たします」の部分をきちんとくみ取った1のほうが要約としてはより適切です。

Column

要約上達法❷

要約上達法①の「読み飛ばし」の続きになりますが、「つなぎの言葉」には読み飛ばしを暗示するものがあります。「なお」や「ちなみに」などです。これらの言葉で始まる文の多くは、補足情報を述べています。もちろん補足情報が大事ということもあるので、一律に読み飛ばすことがよいとは言えません。とはいえ、読み飛ばしの優先候補になります。

形式１：定義・説明的文章を要約する問題

問3 以下の文章を読み、要約としてよりふさわしいものを、1、2の中から選んでください。

難しさ ★★★

私たちがよく食べる「カレー」はどうして「カレー」と呼ばれるのでしょうか。まず起源についてですが、南インドで使われているタミル語でソースやごはんなどを総称したものを意味する「KARI＝カリ」という言葉に由来するという説など、いろいろな説があります。本来、インドでは「カレー」という言葉を使わず、スパイスを使った料理にはそれぞれ名前をつけていましたが、その中の煮込み系の料理を中心にヨーロッパからインドに来た人が一律に「カレー」と呼びだしたことが、「カレー」という名称が普及したことに関係があるようです。

そのほか、タイでもスパイスを使ったスープ状の食べ物があるのですが、そういう場合は「タイカレー」と呼ばれて区別されます。イギリスではシチューをもとに牛乳を使わずインドから持ち帰ったスパイスで味つけをする料理を作って食べるようになりましたが、これを「イギリスカレー」と呼ぶことはなく、ただ「カレー」と呼んでいます。日本では本場のインドのほうを「インドカレー」と言う人もいるくらいです。

1.「カレー」の語源には複数の説があり、南インドのタミル語の「KARI＝カリ」を由来とする説などがある。インドではもともとスパイスを使った料理には「カレー」と呼んでいなかったが、インドに来たイギリス人がそれらを「カレー」と呼ぶようになった。ほかにもタイのカレー、イギリスのカレーなど、さまざまなカレーが世界には存在する。

2.「カレー」の語源は南インドのタミル語の「KARI＝カリ」がその1つであると言われる。インドのスパイスを使った煮込み料理を中心に、ヨーロッパ人が「カレー」と呼ぶようになった。それが「カレー」と呼ばれるようになったことに関係があるようだ。なお、タイにも同様のスパイス料理があり、タイカレーと呼ばれる。イギリスでもスパイスを使ったシチューのような料理を作ったが、それは「イギリスカレー」とは呼ばれない。

Column

要約上達法❸

文の要約が苦手、という方は多いと思います。文の中の重要な情報や考えを選んだり決めたりするのが難しいという人もいるでしょう。それらを克服するには、「一言で言う」という練習をしてみてください。例えば新聞などの記事を読み、「これを一言で言うと、何だろう?」と考えてみます。その考える作業が、要約力をつける練習になります。

問3 解答・解説

解答:2

1もほぼ要約としては適していると言えるのですが、「インドに来たイギリス人」「さまざまなカレーが世界には存在する」のように本文に書いていないものが入っている分、正確な要約とは言えません。要約においては本文に使われている言葉を使って短くすることを基本としたほうが望ましいです。

形式1：定義・説明的文章を要約する問題

問4 **以下の文章を読み、要約としてよりふさわしいものを、1、2の中から選んでください。**

難しさ ★★☆

「パレートの法則」とは、全体の数値の大部分は、全体を構成するうちの一部の要素が生み出しているとする法則です。経済学者であり社会学者であるヴィルフレード・パレートにちなんで名づけられた法則です。パレートは、当時のイタリアの所得統計を分析した結果、人口の2割が全体の8割の所得を得ていることを発見しました。そのため「80:20 の法則」とも呼ばれ、全体の8割は、全体を構成する2割の要素によって生み出されるという法則のことをいいます。

具体的な例としては以下のようなものがあります。商品の売り上げの8割は、売り上げ上位の2割の顧客によってもたらされること、商品の売り上げの8割は、全商品銘柄のうちの2割から生み出されていること、トラブルの8割が2割の原因から発生していること、仕事の成果の8割は、費やした時間全体のうちの2割の時間で生み出していることなどです。

パレートの法則は、経済のみならず、自然現象や社会現象など、さまざまな事例に当てはめられることが多い法則です。一部の要素が全体の結果に対して非常に重要であるという概念を示しています。ただし、パレートの法則は「法則」と名がついているものの、あくまでも経験則であると言われ、必ずしもすべての事例にあてはまるとは限りません。また、2割の要素に重点を置くことで、残りの8割の要素がおろそかになる可能性もあるため、注意が必要です。

1．パレートの法則は、全体の大部分が全体を構成する一部の要素によって生み出されるとする法則であり、経済学者で社会学者のパレートにちなんで名づけられた。この法則は「80:20 の法則」とも呼ばれ、2割の要素が全体の8割を生み出すとされている。パレートの法則は経済だけでなく、自然現象や社会現象にも当てはまる。ただし、経験則であり、必ずしもすべての事例にあてはまらないことや、2割の要素に焦点をあてることで8割が軽視される可能性があるため、注意が必要である。

2. パレートの法則は、全体の大部分は、全体を構成する一部の要素によって生み出されるとする法則であり、経済学者で社会学者のパレートにちなんで名づけられた。この法則は、さまざまな事例にあてはまるが、経験則であり、注意が必要である。

問4 解答・解説

解答：1

2はシンプルでよいのですが、具体的な例を省略しすぎていること、2割と8割という大事な要素が抜け落ちていることによって、1と比べた場合には要約としてはふさわしくありません。核心だけを理解する分には2でもよいかもしれませんが、「さまざまな事例」の簡単な例があるだけでも読み手にとって親切になります。

形式1：定義・説明的文章を要約する問題

問5 以下の文章を読み、要約としてよりふさわしいものを、1、2の中から選んでください。

難しさ ★★☆

「いん石」「改ざん」のように、平仮名と漢字が交じった表記を「交(ま)ぜ書き」と呼ぶ。交ぜ書きをせずに、漢字だけを使った場合、それぞれ「隕石」「改竄」となる。なぜ交ぜ書きが生じるのかというと、「隕」や「竄」が日常生活で使う目安とされている常用漢字表に入っていないからである。現在、常用漢字は2136字あるが、先ほどの2つは2136の中に入っていないのである。そのため、交ぜ書きが生じるのである。

交ぜ書きに対しては賛否両論あると言いたいところだが、文化庁は「情報機器の発達とこれからの国語施策の在り方」という文書の中で「交ぜ書きの問題」のように「問題」という表現を使っている。その中で、「文脈によっては読み取りにくかったり、語の意味を把握しにくくさせたりすることもある」と交ぜ書きの問題点を挙げているのだ。

では実際にどうなのかというと、読み手によって、または単語によって異なるようである。先ほどの「いん石」の場合は、小中学生向けの説明を除くと「隕石」と書かれることが多いのに対して、「改ざん」は新聞や雑誌の記事でも「改竄」と書かれることはない。現在の常用漢字は目安であるために、常用漢字表に含まれない漢字を書くかどうかは、日本語の使い手一人ひとりに委ねられるものであり、交ぜ書きについてのルールは存在しないのである。

1.「交ぜ書き」とは、「隕石」を「いん石」とするような、平仮名と漢字が交じった表現である。交ぜ書きが発生するのは、常用漢字表に含まれていない漢字をひらがなで書くためである。現在の常用漢字は2136字あり、実際にはそれ以上の漢字が存在するため、交ぜ書きはどうしても発生する。交ぜ書きの問題に対しては、文化庁が交ぜ書きの問題点を指摘し、「読み取りにくくなることがある」と述べている。実際の使用では読み手や単語によって異なり、ルールが存在しないため、使い手の判断に委ねられている。

2.「交ぜ書き」とは、「隕石」を「いん石」とするような、平仮名と漢字が交じった表記である。常用漢字表に含まれていない漢字をひらがなで書くため、交ぜ書きが生じる。現在の常用漢字は 2136 字あり、「隕」はそれに含まれていない。このような漢字が他にもあるため、交ぜ書きはどうしても生じる。交ぜ書きの問題に対しては、文化庁が交ぜ書きの問題点を指摘し、「読み取りにくくなることがある」と述べている。実際の使用では読み手や単語によって異なり、ルールが存在しないため、使い手の判断に委ねられている。

問5 解答・解説

解答：2

1では「生じる」をわざわざ「発生する」に置き換えています。「常用漢字は2136 字あり、実際にはそれ以上の漢字が存在する」というのは解釈上は可能でありますが、上記の文章には「隕」や「竄」が常用漢字表に入っていないということを述べているので、「『隕』はそれに含まれていない」としている2のほうが内容を的確にとらえていると言えます。

形式 2：その他一般的文章を要約する問題

問6　以下の文章を読み、要約としてよりふさわしいものを、1、2の中から選んでください。

難しさ ★★★

牛や豚、鶏などの家畜は、草や穀物などの植物を食べて成長します。これらの植物を育てるために、農地や水、肥料などの資源が必要です。牛肉、豚肉、鶏肉などの食用肉は、飼育から加工までの間にどれくらいえさや資源が必要だと思いますか。例えば、1kg のステーキ用の牛肉を作るために必要な穀物は 25kg、水は 1 万 5000L にもなります。穀物をトウモロコシで換算して考えてみましょう。食べられる粒の部分は、1本あたり約 150 gだそうです。25kg用意するためには、約 170 本分のトウモロコシを集める必要があります。1万 5000L の水は、500mL のペットボトルで3万本分です。

このように、食用肉を1kg 生産するためには、えさや水などの資源が使われます。その量は、私たちが想像する以上に膨大です。また、家畜を飼育するためには、土地や建物、労働力などの資源も必要です。

私たちは、食用肉を食べる際に、その生産に必要な資源や環境への影響について考えることが大切です。少なくとも、私たちが食べている肉がどれだけ貴重なものであるかを考えながら食べる必要があるのではないでしょうか。

1. 食用肉の生産には、膨大な資源が必要である。例えば1kg の牛肉を生産するためには 25kg の穀物と 1 万 5000L の水が必要である。これは約 170 本分のトウモロコシ、500mL のペットボトルで3万本分に相当する。また、食用肉の生産には土地、建物、労働力なども必要で、その資源使用量は想像以上に膨大である。我々が食用肉を摂取する際には、その生産に伴う資源消費と環境への影響を考慮することが重要であり、食事において肉の貴重さを理解する必要がある。

2. 食用肉の生産には、膨大な資源が必要である。例えば、1kgのステーキ用の牛肉を作るために必要な穀物は25kg、水は1万5000Lにもなる。また、食用肉を食べる際には、その生産に必要な資源への影響について考えることが大切である。少なくとも、私たちが食べている肉がどれだけ貴重なものであるかを考えながら食べる必要がある。

問6　解答・解説

解答：1

2では、資源の利用が環境問題を引き起こす可能性があることが書かれてはいません。要約ですので、本文中に書かれていることに従って内容を短くする必要があります。1においてはさらに短くする場合、「これは約170本分のトウモロコシ、500mLのペットボトルで3万本分に相当する」の部分は削ってもかまいません

形式２：その他一般的文章を要約する問題

問７　以下の文章を読み、要約としてよりふさわしいものを、１、２の中から選んでください。

難しさ ★★★

小学校から国語の授業でいろいろな言葉を勉強してきてたくさんの語彙が頭の中にあるはずなのに、何年生きていても、知らない言葉に出合う。この間は「遅疑」という言葉に出合った。「遅れているのではないかと疑う」という意味かなと思ったが、調べてみると「疑い迷って、すぐに決断しないこと」という意味であった。全く予想と違ってびっくりした。実際に使われ方を調べてみると、「遅疑逡巡」という四字熟語で使うことが多いことがわかった。えっ、「逡巡」って何だ？

また知らない言葉が出てきた。「ためらう、尻込みする」という意味だそうだ。そうか、そういう意味か。でも、読み方は？　今の時代、コピー＆ペーストで読みが調べられるからなぁ。

1．小学校から国語の授業で言葉を学び語彙が豊富であるはずなのに、知らない言葉に出くわすことがあり、最近では「遅疑」という言葉に出合った。当初の予想とは違い、「疑い迷って、すぐに決断しないこと」という意味だった。「遅疑逡巡」という四字熟語で使うことが多いが、「逡巡」も知らない言葉だった。この言葉の意味はわかったが読みがわからない。でもコピー＆ペーストで読みが調べられるから大丈夫だ。

2．小学校から国語の勉強をしてきたにもかかわらず、知らない言葉に出合うことは珍しくない。「遅疑」という言葉は「疑い迷って、すぐに決断しないこと」という意味で、「遅疑逡巡」という四字熟語で使われることが多かった。「逡巡」という言葉は「ためらう、尻込みする」という意味である。最近は、わからない言葉を調べるのにコピー＆ペーストを使えば簡単に意味がわかるようになった。

問7　解答・解説

解答：1

2は途中まではコンパクトにまとめてあり、要約として適していると考えられますが、最後の文の「コピー&ペーストを使えば簡単に意味がわかる」といったことは本文には書かれていないことであり、これを要約として取り込むことは望ましくありません。一方で1では最後の文に「コピー&ペーストで読みが調べられるから大丈夫だ」とあり「大丈夫だ」という言葉が補われていますが、これは正しい推論によるものです。コンピューターやスマートフォンで「逡巡」をコピー&ペーストしてから読み方を検索すれば読み方がわかるという前提に基づいています。

Column

要約上達法❹

要約力を上達させたいなら、文の構造を理解することが大事です。日本語は、「●は▲が…」や「●が▲を…」といった構造をもっている文が多いです。「●は▲が…」は主題を提示する文なので「何をテーマに述べている文なのか?」という視点で、「●が▲を…」においては主語や目的語を意識して「だれが何をどうするのか?」という視点で文を読み取る習慣を身につけるとよいと思います。

形式2：その他一般的文章を要約する問題

問8 以下の文章を読み、要約としてよりふさわしいものを、1、2の中から選んでください。

難しさ ★★★

ある日、プリンターが音を出して警告した。「マゼンタのトナーがなくなりました。交換してください」という内容だった。すぐさまインターネットショッピングで補充のための注文をしたが、「マゼンタ」とは何だろうかと思ってしまった。

調べてみたところ、カラーコピーや家庭用のプリンターをはじめ印刷に使われる色名の1つであることがわかった。マゼンタとは明るい赤で、若干紫色に近い色を表す色らしい。ほかの色も調べてみたところ、明るい青で若干緑色に近い色である「シアン」、そして「黄色」と同じ「イエロー」があり、マゼンタと合わせて3つの基本色になっているそうだ。

「あっ、三原色だ」と思いだした。小学校のときに習った気がする。この3つの色を混ぜると黒色になると言われている。「マゼンタ」「シアン」「イエロー」もそうで、この3色を混ぜることで黒色になるらしい。「なるほど、プリンターでこの3色をうまく混ぜ合わせることでカラー印刷をしているんだな」と思った。しかし実際にはマゼンタ、シアン、イエローを均等に混ぜ合わせても暗めの色にはなるが、私たちが思う「黒色」には見えない。そこで、カラー印刷においては黒色を使うのだそうだ。

この4色でカラー印刷を表現するのをCMYKカラーモデルという。シアン（Cyan）のC、マゼンタ（Magenta）のM、イエロー（Yellow）のY、キー・プレート（Key Plate）のKのから取った呼び名である。キー・プレートというのは印刷の基本となる色という意味合いで、通常、文字や図の輪郭を表す黒が使われる。ちなみに、CMYKの“K”が、ブルー（Blue）と混同しないようにブラック（Black）の“K”を用いたものであるとか、日本語の黒（Kuro）色に由来するとかいう説明は誤りである、ということがわかって「誤解してしまうところだった」と反省するのだった。

1. プリンターのトナー切れを機にマゼンタという色の名前について調べてみた。マゼンタは明るい赤で、若干紫色に近い色を表す色である。また、シアン(明るい青で若干緑色に近い色)とイエロー(黄色)を加えて、基本色を構成する。これは小学校で習った色の三原色と同じで、三色を混ぜると黒になると思いがちだが、マゼンタ、シアン、イエローを均等に混ぜ合わせると、私たちが思う「黒色」にはならない。そのため、カラー印刷では黒色を別途使用する。この4色でカラー印刷を表現するのがCMYKカラーモデルである。筆者は、マゼンタ、シアン、イエローの3色を混ぜ合わせると黒になると思い込み、CMYK のKの意味を誤解していたことを反省した。

2. ある日、プリンターがトナー切れの警告を発した。筆者はそれを機にマゼンタという色の名前について調べてみた。マゼンタは明るい赤で、若干紫色に近い色を表す色である。また、シアン(明るい青で若干緑色に近い色)とイエロー(黄色)を加えて、基本色を構成する。この三色を混ぜると黒色になると思いがちだが、マゼンタ、シアン、イエローを均等に混ぜ合わせると、私たちが思う「黒色」にはならない。そのため、カラー印刷では黒色を別途使用する。この4色でカラー印刷を表現するのがCMYKカラーモデルである。CはシアンMはマゼンタ、Yはイエロー、Kはキー・プレートの頭文字である。キー・プレートとは、印刷の基本となる色という意味合いで、通常、文字や図の輪郭を表す黒色が使われる。

※解答は P.118 参照。

形式 2：その他一般的文章を要約する問題

問9　以下の文章を読み、要約としてよりふさわしいものを、1、2の中から選んでください。

難しさ ★★★

授業の形態が多様化し、数年前に始まったオンライン授業によって、対面授業のみならず、ハイブリッド授業やハイフレックス授業というものもできた。生徒の側からすれば、それらを選ぶことができるのがありがたい。特にハイフレックス授業は、生徒一人ひとりが対面授業かオンライン授業かを自由に選択できること、さらにはオンライン授業については同期・非同期のどちらも選べることがあり、オンライン環境さえ整っていれば、どこでも授業が受けられるという利点がある。同期のオンライン授業であればライブの授業が受けることができ、さらには教室にいる同級生とも話し合いをすることもできる。

今後も多くの学びの機会を提供するためには、教育機関にはさまざまな形態で授業ができる体制が求められるのではないだろうか。

1. 授業の形態が多様化し、特にハイフレックス授業は、生徒が対面授業かオンラインかを自由に選択でき、さらに同期・非同期のいずれも選べるため、オンライン環境さえ整っていれば、どこでも授業を受けられる。今後も多くの学びの機会を提供するためには、教育機関にはさまざまな授業の形態で授業ができる体制が求められる。

2. オンライン授業によって、ハイブリッド授業やハイフレックス授業というものもできた。同期のオンライン授業であればライブの授業が受けることができ、さらには教室にいる同級生とも話し合いをすることもできる。今後も多くの学びの機会を提供するためには、教育機関にはさまざまな授業の形態で授業ができる体制が求められる。

問8　解答・解説

解答：2

1の最後の文の「筆者は、マゼンタ、シアン、イエローの3色を混ぜ合わせると黒色になると思い込み、CMYKのKの意味を誤解していたことを反省した」が望ましくありません。そもそも、「『誤解してしまうところだった』と反省するのだった」とあるので、誤解はしていません。

なお、「ちなみに」というのは補足情報を述べる際に使われる言葉なので、要約のときには「ちなみに」で始まる部分は使わなくてもかまいません。

問9　解答・解説

解答：1

この文章の中心はハイフレックス授業の利点であるため、ハイフレックス授業のことに多少なりとも言及する必要があります。2については「同期のオンライン授業であればライブの授業が受けることができ」の部分も要約として取り込んでいますが、これはハイフレックス授業の利点の説明の続きについてであるので、この前にはハイフレックス授業のことについて触れておく必要があるでしょう。

形式2：その他一般的文章を要約する問題

問10 **以下の文章を読み、要約としてよりふさわしいものを、1、2の中から選んでください。** 難しさ★★★

当マンションの環境整備にご協力いただきありがとうございます。

最近、当マンションにおいて、タバコのポイ捨てや不適切なゴミの処分が見られるとの苦情がありました。マンション内での共同生活を快適に保つため、タバコのポイ捨てや不適切なゴミの処分は避けていただきたいと思います。タバコのポイ捨ては、周囲の住民にとって迷惑となるだけでなく、火災の原因にもなります。また、不適切なゴミの処分は衛生上の問題を引き起こし、ゴミの不快な臭いや害虫の発生につながる可能性があります。

上記に関しまして、ご入居者の皆様のご理解とご協力をお願いいたします。タバコを吸う場合は、指定された喫煙所をご利用いただくか、住戸内で喫煙をお願いします。また、ゴミは指定されたゴミステーションに適切に分別して処分してください。お互いの快適な生活を尊重し、良好なコミュニティを築くために、マンションの敷地内での喫煙やゴミの適切な処分を推進していただきたく存じます。

1. マンション内でのタバコのポイ捨てや不適切なゴミの処分が問題となっています。ほかの人の迷惑になったり火災のリスクにつながったりします。それらを避けるため、ご協力をお願いします。住戸内での喫煙とゴミの適切な処分をお願いします。

2. マンションの環境整備のご協力に対して感謝します。タバコのポイ捨てや不適切なゴミの処分についての苦情に対して、共同生活を快適に保つことに対して、それぞれご理解とご協力をお願いします。

問10　解答・解説

解答：2

1の「ほかの人の迷惑になったり火災のリスクにつながったりします」の部分はタバコのポイ捨てにかかわることだけなので、不適切なゴミの処分に関わることも挙げたほうがよいでしょう。一方で2の「共同生活を快適に保つこと」はこれだけでタバコのポイ捨てや不適切なゴミの処分に対応することを含みます。よって、文章の内容をまんべんなく拾っているのは2のほうであると言えます。

Column

要約上達法❺

要約する力をつけるには、なんといっても積極的な実践です。実際に文章を要約してみることが大切です。ニュース記事から報告書、論文など、さまざまな文章を要約すると、要約する力が身につきます。「急がば回れ」を信じて、要約する練習をコツコツと積み重ねましょう。

Chapter 5 

読解力エクササイズ

この Chapter の目的・解説

「なかなか読解力が身につかない」と思っている人が多いと聞きます。苦手意識をもっている方もいらっしゃるかもしれません。**そういったことを克服するには訓練しかありません。**

しかし、「ただ問題を解いていく」だけでは効果が表れにくいと思います。この Chapter では「それが何であるのか」「何を指しているのか」ということを理解することが、読解力を身につけるポイントの1つであるととらえ、はじめに3つの練習問題を用意いたしました。そのうちの2つの練習問題は、「それが何であるのか」を考える問題です。

日本語には省略が多いので、省略されているものが何であるのかを自分で補いながら読む力が必要になります。そして、指示語について考える問題が続きます。「それ」とか「その」が指すものが何であるのかがわかっていないと、読み誤る可能性があるからです。

続いて、通常の読解問題を解いていきます。ただし、この Chapter の問題の中には複数の選択肢を選ぶものもありますので、十分に気をつけて読みましょう。**これらの問題を解くことで、「注意深く読む」という力も身につけられます。**

さらに、図表を使った問題や、選択肢がイラストになっている問題を用意いたしました。普段の私たちたちの生活では読解問題だと思っていないものですが、文字と図表を頭の中でつなげることも立派な読解です。全問正解を目指して、チャレンジしてみてください。

形式1：主語を問う問題

問1 本文を読み、その後の質問に答えてください。

難しさ ★★★

（1）医者は、田中さんが手術を受ければ助かる可能性が高くなり、家族も安心することを説明し、手術を受けるように説得した。

Q.「説得した」のはだれですか。あてはまるものを1つ選んでください。

1. 医者　2. 田中さん　3. 家族

（2）アイドルAの大ファンである山田さんだが、ある日Aが東京駅にいるといううわさを聞いてかけつけたものの、Aはすでに新幹線に乗ったあとだったということがあったと話していた。

Q.「かけつけた」のはだれですか。あてはまるものを1つ選んでください。

1. アイドルA　2. 山田さん　3. この話をしている人

（3）専務による汚職が発覚した直後、秘書が社長にそのことを連絡した際に、社長は「残念だ。わが社には大きな損失だ」と話したが、気丈にふるまっていたそうだ。

Q.「気丈にふるまっていた」のはだれですか。あてはまるものを1つ選んでください。

1. 専務　2. 秘書　3. 社長

（4）主力の田中選手の相手選手との衝突によるケガは大きなダメージであるものの、大きなケガではないらしく、監督は「2週間もあれば復帰できる」と考えているそうだ。

Q.「復帰できる」のはだれですか。あてはまるものを1つ選んでください。

1. 田中選手　2. 相手選手　3. 監督

問1 解答・解説

（1）解答：1

文の始まりが「医者は、」で一度途切れているので「医者は何をしたのか?」と考えることで「説明した」ことと「説得した」ことの2つをしたことがわかると思います。

（2）解答：2

「Aが東京駅にいるといううわさ」を1つのまとまりとして考えたら、「そのうわさを聞いたのはだれ？　そして何をした?」ということが考えられると思います。「かけつけた」のは、大ファンである山田さんの行動ですね。

（3）解答：3

「気丈にふるまう」とは「動じないで落ち着いた様子を見せる」という意味です。専務は汚職をし、秘書がそのことを伝える様子がつかめたら、落ち着いているのが社長であると判断できると思います。

（4）解答：1

「選手」「ケガ」ということから、何かのスポーツで接触によって主力の選手がケガをしたことが理解されます。また、ケガをすると試合には出場できなくなることが想定されるので、あとはだれがケガをしてしまったのかを考えると、「復帰できる」のがだれであるかがわかります。

形式 2：目的語を問う問題

問2

**本文を読み、
その後の質問に答えてください。**

難しさ ★★★

（1）サンドイッチよりも、ハンバーガーよりも、とにかくピザが大好きなのですが、最近新しい店が近所にできたので、毎日のように食べています。

Q.「食べています」とありますが、何を食べているのですか。あてはまるものを1つ選んでください。

1. サンドイッチ
2. ハンバーガー
3. ピザ

（2）ある日、私は新しい部署に異動になった。海外の取引先と交渉する部署だった。仕事内容は英語で書かれていた。私は、英語が得意ではなかったため、先輩に教えてもらうことにした。

Q.「教えてもらう」とありますが、何を教えてもらうのですか。あてはまるものを1つ選んでください。

1. 異動する部署の名前
2. 仕事内容
3. ビジネス英語

問2　解答・解説

（1）解答：3

「サンドイッチよりも、ハンバーガーよりも」と書かれているので、3つの中で一番好きなのはピザであるとわかります。そのピザの店が最近新しくできたから毎日のようにそこに行ってピザを食べている、という解釈が可能です。

（2）解答：2

「英語が得意ではなかったため」と書かれていることから英語を教えてもらう可能性も考えられますが、選択肢の「ビジネス英語」は漠然としています。それではなく、「英語があまりよくわからないため、英語で書かれた仕事内容が把握できなかった。だから先輩に教えてもらおうと思った」、と考えるとよいでしょう。

Column

言葉の省略を意識する

日本語は主語や目的語がよく省略されます。話したり書いたりする側は便利ですが、聞いたり読んだりする側は推測をしなければなりません。そのため「何が省略されているのか」ということを常に意識しながら読むことが大事です。さらに、文によって表されている状況や場面を頭の中で映像化すると、文の理解の助けになります。

形式2：目的語を問う問題

問2 本文を読み、その後の質問に答えてください。

難しさ ★★★

(3) 健康的な生活を送るには、朝の早起きやバランスの取れた食事、そして定期的な運動。しかし運動だけはしていませんでした。運動は早起きや食事同様、心身の健康を向上させるとともに、毎日の生活にポジティブな変化をもたらすだろうと思います。だから早速、来週から始めようと思います。

Q.「始めよう」とありますが、何を始めるのですか。あてはまるものを1つ選んでください。

1. 朝の早起き
2. 定期的な運動
3. 毎日の生活

(4) お振り込みの際には当行ホームページ接続時に使用するパスワードではなく、一度限り有効なワンタイムパスワードをご入力いただくことになっております。ワンタイムパスワードは決まった時間ごとに変更されるため、一定時間が過ぎますと入力できなくなります。その際には左下のボタンを押して再度発行してください。

Q.「発行してください」とありますが、何を発行するのですか。あてはまるものを1つ選んでください。

1. 一度限り有効なワンタイムパスワード
2. 左下のボタン
3. 接続時に使用するパスワード

問2　解答・解説

（3）解答：2

「運動だけはしていませんでした」ということと、「運動は早起きや食事同様、…」とあることから、運動について述べられていることがわかります。

（4）解答：1

「当行ホームページ接続時に使用するパスワードではなく」と書かれていることに気をつけましょう。その後はワンタイムパスワードの話が続いていて、変更されるのも入力できなくなるのもワンタイムパスワードのことです。最後の文もワンタイムパスワードのことについて述べています。

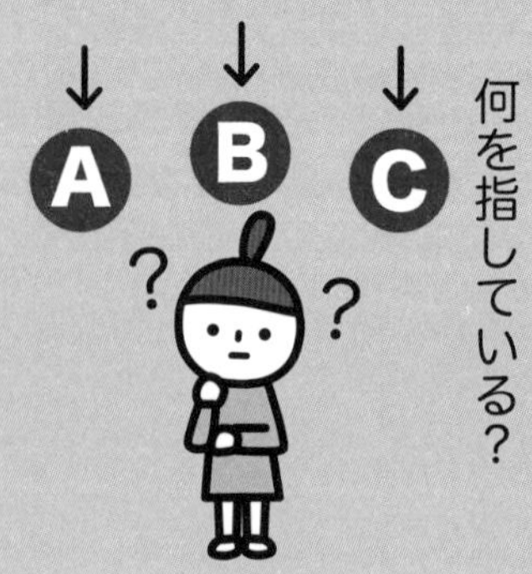

形式３：指示語を問う問題

問３ **本文を読み、その後の質問に答えてください。**

難しさ ★★★

（1）少年は、石を集めるのが趣味だった。彼はいつものように、道端の石を見ていた。ある日彼は、道端に落ちていた小さな石を拾い上げ、それを手に取って、じっと見つめた。今まで見たこともないほど美しい石だった。宝石のような輝きはないが、なめらかで、どの角度から見ても同じ色に見える石だった。

Q.「それを手に取って」の「それ」は何を指していますか。あてはまるものをすべて選んでください。

1. 趣味で集めていた石
2. 宝石のような輝きをもつ石
3. 少年が自分で拾い上げた石
4. 道端に落ちていた小さな石

（2）財布は大きく言って、長財布と二つ折り財布に分けることができる。お金を入れることができる量と、お金の出し入れのしやすさでは、長財布のほうが便利である。しかし、持ち運びのしやすさでは二つ折り財布のほうが便利だと言えるだろう。財布はその特徴を知ることで、自分に合ったものを選ぶ近道になるのである。

Q.「その特徴」の「その」とは何を指しますか。あてはまるものをすべて選んでください。

1. お金
2. 財布
3. 量
4. 近道

問3　解答・解説

（1）解答：3と4

「それ」「その」などを指示語と言いますが、指示語が指すものは直前にあります。直前には「道端に落ちていた小さな石を拾い上げ」とあります。そのうち、「手に取って」に関係するのは4の「道端に落ちていた小さな石」です。また、「石を拾い上げ」の部分にも着目します。すると3に「少年が自分で拾い上げた石」とあります、拾い上げたのは少年自身なので、4も正解です。

（2）解答：2

（1）の解説でも述べたように、指示語は直前にあります。文の途中にある場合は、同じ文の前にあります。この場合は同じ文にあるものが「財布」なので「財布」を指すと考えるのが普通です。

Column

試験問題は書かれていることが大切

「行間を読む」という言葉があります。手紙や報告書などで、書かれていない情報を推測することは、実生活では大切です。しかし、試験の本文を読んで設問に答える問題では、まずは書かれている情報から考えましょう。主語や目的語の省略を推測するのとは別の問題ですので注意が必要です。

形式3：指示語を問う問題

問3 本文を読み、その後の質問に答えてください。

難しさ ★☆☆

(3)「工場夜景」という言葉があります。文字通り、工場が夜に放つ光で彩られる景色のことです。工場夜景は、建物の中に入るのではなく、遠くからの眺めを観賞することが目的です。

その眺めが見事であったことから多くの人々に共感を呼び、徐々に夜景観賞が観光になっていきました。現在では、神奈川県川崎市、三重県四日市市、福岡県北九州市などで工場の夜景観賞ツアーが行われていて、多くの観光客を魅了しているそうです。

Q.「その眺め」の「その」は何を指していますか。あてはまるものをすべて選んでください。

1. 工場の建物の内部　2. 工場で製品をつくっているところ
3. 工場が夜に放つ光で彩られる景色　4. 工場の夜景観賞ツアー

(4) 菅原道真と言えば、「学問の神様」として知られている。幼少期より勉学に励み、右大臣という高い位に上りつめ、政治の世界で活躍した。

道真は「天神様」とも呼ばれている。道真は政争に敗れ、当時の左大臣の陰謀によって右大臣の地位を追われ、太宰府に左遷された。そして悲しみに暮れたまま、亡くなった。その後、京都では政府の中心人物が次々に病死した。当時の左大臣も病死した。そしてある日、政府の要人が話し合いをしている建物が落雷を受け、多くの死傷者が出た。これらの原因は道真の怨霊だとされ、道真を天の雷の神様として祀(まつ)られることとなった。これが道真が「天神様」とも呼ばれる理由である。

Q.「これらの原因」の「これら」は何を指していますか。あてはまるものをすべて選んでください。

1. 政府の要人がいた建物が落雷を受けたこと
2. 政府の中心人物が病死したこと
3. 太宰府に左遷されたこと
4. 右大臣の地位を追われたこと

問3　解答・解説

（3）解答：3

指示語が指すものは直前にない場合もあります。その場合はさらに文の前方を見てみます。3の「工場が夜に放つ光で彩られる景色」が「その眺め」であることがわかります。

（4）解答：1と2

文章における指示語は「それ」「その」などが多いのですが、ときどき「これ」「この」が使われることもあります。同じように「これ」「この」が指すものは直前にあります。「これらの」とあるので複数あることに気をつけましょう。すると、前の部分に「政府の要人が話し合いをしている建物が落雷を受け」と「政府の中心人物が次々に病死した」という部分を見つけることができます。1と2がそれにあたります。

形式 4：通常の読解問題

本文を読み、その後の質問に答えてください。

難しさ ★★★

(1) ゾウやウシ、ウマといった草食動物の歯を見たことがありますか。草食動物にとって、草や葉っぱを切ったり取ったりするための歯も必要ですが、歯の役割としてさらに必要なのは草や葉っぱを細かくつぶすことです。そうしないと飲み込めません。そのため、草食動物の多くの歯は、細かくつぶすのに便利なように、大きくて幅が広くて、臼うすのような形をしています。人間でいうと奥にある歯（奥歯）がそれにあたります。

Q. 本文の内容に合うものを1つ選んでください。

1. 草食動物の歯は、人間の犬歯に似た形をしている。
2. 草食動物の歯は、すべての動物で同じ形をしている。
3. 草食動物の歯は、草や葉っぱを切ったり取ったりする機能よりも、細かくつぶす機能が重要である。
4. 草食動物の歯は、さらに細かくつぶすために、一度飲み込んだものを元に戻してかみなおす機能がある。

(2) 今年も年末の感謝の気持ちを込めまして、棚倉商店街のくじ引きではさまざまな景品を用意しております。毎年恒例の「家族でハワイ旅行」はもちろんのこと、今年も5万円分の旅行商品券があります。旅行商品券は昨年から倍増して 10 名様にプレゼントいたします。ただし、抽選には応募券が必要です。商店街で 1000 円以上お買い物をしますと、1000 円ごとに応募券が1枚もらえます。応募券1枚につきくじを1回引くことができます。

Q. 本文の内容に合うものを1つ選んでください。

1. この商店街のくじ引きの景品は、家族でのハワイ旅行だけが毎年恒例となっている。
2. 旅行商品券が当たる今年の人数は去年に比べて 10 倍になった。
3. くじには補助券もあり、補助券 10 枚で応募券1枚と交換できる。
4. くじを引くには、商店街で 1000 円以上の買い物をしなければならない。

問4　解答・解説

（1）解答：3

3が正しい理由は、本文中の「草や葉っぱを切ったり取ったりするための歯も必要ですが、歯の役割としてさらに必要なのは草や葉っぱを細かくつぶすことです」という部分に関係があります。選択肢3は、この部分を言い換えたものです。1については、「犬歯」について書かれた部分がないので、正しいとは言えません。また、4についても「一度飲み込んだものを元に戻してかみなおす」ということはこの文章の中には書かれていないことなので、正しいとは言えません。2については、本文中の「多くの歯」という表現から、草食動物のすべての歯が同じ形をしていると考えてしまう可能性がありますが、「草食動物のすべての歯が同じ形をしている」とは書かれていないため、正しいとは言えません。

（2）解答：4

1については、家族でのハワイ旅行が毎年恒例と書かれていますが、その後に「もちろんのこと」と書かれているので、このことから5万円分の旅行商品券も毎年恒例とわかります。2については「旅行商品券は昨年から倍増して10名様にプレゼントいたします」とありますが、「昨年から倍増して10名様」と書かれているので、選択肢の文の「去年に比べて10倍になった」と全く異なることが書かれています。3については、補助券のことは本文中のどこにも書かれていません。よって選ぶことはできません。

形式４：通常の読解問題

問4 本文を読み、その後の質問に答えてください。

難しさ ★★☆

(3)「アルプス一万尺」という童謡がある。「アルプス」という言葉からしてヨーロッパの民謡だと思うかもしれないが、もとは『ヤンキードゥードゥル』(Yankee Doodle) という、アメリカの民謡だった。しかもこの歌の「アルプス」は日本の北アルプスのことを指す。歌詞の中に「小槍(こやり)」という言葉があるが、これは槍ヶ岳の山頂（標高 3180m）付近にある岩場のことを指す。ただし、小槍はロッククライミングの技術がなければ登れないところなので、実際にそこで踊るのは容易なことではない。

なお、「一万尺」は高さを表す。1尺は約 30.3cm なので、1万尺は標高約 3030m になる。ちょうど小槍の高さぐらいであると言われている。

Q. 本文の内容に合うものを1つ選んでください。

1.「アルプス一万尺」という童謡は、ヨーロッパの民謡である。
2.「アルプス一万尺」の「一万尺」というのは、槍ヶ岳の山頂の高さを表す。
3. 槍ヶ岳の山頂で踊りを踊るのは危険である。
4. 小槍は槍ヶ岳の山頂から 150m ほど下の場所にある。

(4) カルシウムが不足すると、骨や歯が弱くなります。では、カルシウムを体に取り入れるだけでよいのでしょうか。答えは「ノー」です。体を動かさないと、骨を強くする効果が減ると言われているので、適度な運動を心がけましょう。また、カルシウムの吸収を高めるビタミンDなども一緒に取り入れる必要があります。

Q. 本文の内容に合うものを1つ選んでください。

1. カルシウムをたくさん取り入れると、骨が強くなる。
2. 体を動かさないと、カルシウムを体に取り入れることができなくなる。
3. カルシウムを体に取り入れるときに、ビタミンDなども一緒に取り入れる必要がある。
4. カルシウムはビタミンDの吸収を高める。

問4　解答・解説

（3）解答：4

1は、「アメリカの民謡だった」と書かれているので間違いです。2は、最後の文から、小槍の高さが1万尺であると読み取れるので間違いです。3については、「そこで踊るのは容易なことではない」と書かれていますが、「危険」とまでは書かれていません。想像すると、踊るのは危険なことだと思われますが……。

（4）解答：3

1は、「たくさん取り入れると、骨が強くなる」とは書かれていません。なお、カルシウムは骨や歯の材料となるため、十分に摂取することは重要ですが、過剰摂取は健康被害を招く可能性があるため、注意が必要です。2は、運動は骨の形成や強度を維持するために重要ですが、カルシウムの摂取とは関係ありません。4は、本文に「カルシウムの吸収を高めるビタミンD」とあり、「ビタミンDがカルシウムの吸収を高める」というのが正しいので、答えに選ぶことはできません。

形式4：通常の読解問題

問4 本文を読み、その後の質問に答えてください。

難しさ ★★★

（5）ハンバーガーセットの値引きクーポンと、チーズバーガーセットの値引きクーポンは、同時に使えない。

チキンバーガーセットの値引きクーポンと、チーズバーガーセットの値引きクーポンは、同時に使えない。

チキンバーガーセットの値引きクーポンと、チキンナゲットの無料クーポンは、同時に使えない。

ハンバーガーセットの値引きクーポンと、チキンナゲットの無料クーポンは、同時に使える。

チーズバーガーセットの値引きクーポンと、チキンナゲットの無料クーポンは、同時に使える。

チキンナゲットの値引きクーポンと、チキンナゲットの無料クーポンは、同時に使える。

Q. 上記の文章は、各クーポンの使い方の注意点を見た結果、わかったことです。正しい説明はどれですか。1つ選んでください。

1. チキンナゲットのクーポンは、どんなセットとも一緒に使える。
2. チキンナゲットのクーポンは、ほかのセットと一緒に使えないことがある。
3. チキンナゲットのクーポンは、ハンバーガーセットの値引きクーポンと同時に使えない。
4. チキンナゲットのクーポンは、無料で引き換えができるクーポンである。

（6）犬のタロウは部屋の中で、楽しく走り回っていた、しかし止まろうとしたときに止まり切れず、ガラスの花瓶を割ってしまった。主人が家に帰ってきた。ガラスが散乱していることに気づいた主人。主人は慌てて散乱したガラスを集めてゴミ箱に入れた。そして「あ～あ、この窓が開いていたから、風で花瓶が倒れてしまったんだな」と言いながら窓を閉めた。

Q. 本文の内容に対して**間違っているもの**を1つ選んでください。

1. ガラスが散乱しているのは、風で倒れたガラスの花瓶が割れたからだ。
2. ガラスが散乱しているのは、犬のタロウが倒したガラスの花瓶が割れたからだ。
3. 主人は「ガラスが散乱しているのは、窓が開いているのが原因だった」と思っている。
4. 主人は「ガラスが散乱しているのは、風でガラスの花瓶が倒れてしまった」と思っている。

問4 解答・解説

(5) 解答：2

1については、「チキンバーガーセットの値引きクーポンと、チキンナゲットの無料クーポンは、同時に使えない」というのがあるので残念ながらあてはまりません。そのため、選択肢2の「ほかのセットと一緒に使えないことがある」のほうが適切です。3については「ハンバーガーセットの値引きクーポンと、チキンナゲットの無料クーポンは、同時に使える」とあるので明らかに間違いです。4はチキンナゲットには値引きクーポンもあることが最後の文からわかるので、無料で引き換えができるクーポンとは言えません。また、本文中には他のクーポンとの組み合わせでチキンナゲットが無料になると読み取れるので、無料で引き換えができるクーポンと言うのは難しいと思われます。

(6) 解答：1

1については最後に「風でガラスの花瓶が倒れてしまったんだな」という部分があり、その結果花瓶が割れた考えることができるかもしれませんが、これは主人がそう思っただけです。そのため、1だけが間違っています。

形式4：通常の読解問題

問4 本文を読み、その後の質問に答えてください。

難しさ ★★☆

(7) Y専門学校では、入試合格者が来年度の入学定員に達した場合、AO入試による入学希望者を除いて、来年度入学者の追加募集を打ち切ることにしている。

Q. Y専門学校のAO入試による入学希望者について正しい説明はどれですか。1つ選んでください。

1. AO入試による入学希望者は、入試合格者が来年度の入学定員に達した場合であっても、追加募集に応じることができる。
2. AO入試による入学希望者は、入試合格者が来年度の入学定員に達した場合、追加募集に応じることができない。
3. AO入試による入学希望者は、一般入試も受けることができる。
4. AO入試による入学希望者は、一般入試も受けることができない。

(8) Z専門学校には、調理コース（2年）、栄養コース（2年）、製菓コース（2年）、食品総合コース（3年）の4つのコースがある。栄養士・管理栄養士になるには、栄養コースまたは食品総合コースを受験することになる。食品総合コースでは栄養学のみならず、調理、製菓に関することも学ぶことができる。なお日程の関係上、入試においては3つのコースを併願することができないので注意が必要である。

Q. 以下のうち、**間違った記述**はどれですか。1つ選んでください。

1. Aさんは食について興味があるので栄養コースと食品総合コースを受験しようと思っている。
2. Bさんはお菓子づくりに興味があるが、健康的な献立をアドバイスすることにも興味があるので食品総合コースを受験しようと思っている。
3. Cさんは早く卒業したいと思っているので、2年で学べるコースをすべて受験しようと思っている。
4. Dさんは栄養士・管理栄養士になりたいと思っているので、栄養コースを受験しようと思っている。

問4　解答・解説

(7) 解答：1

2については、「入試合格者が来年度の入学定員に達すると追加募集を打ち切る。ただし、AO入試による入学希望者を除く」という意味であるので、2はこの意味に合いません。3、4については、一般入試が併願可能かは一切書かれていないので、受験可能かどうかは判断できません。

(8) 解答：3

本文に「入試においては3つのコースを併願することができない」と書かれているので、2年で学べる3つのコースをすべて受験することはできません。

Column

段落にはルールがある

「段落」とは文の区切りのことで、日本語では改行して頭を1字下げにすることが多いです。この段落に約束があるのはご存じでしょうか。「1つの段落には1つの考えを盛り込む」というルールです。よって、「この段落はどのような考えを述べているのか」を意識して読むと、文章の理解力が格段に上達します。

形式4：通常の読解問題

問4 本文を読み、その後の質問に答えてください。

難しさ ★★★

(9) 数と文字を使って表現される数学的な式のうち、値(あたい)がわかっていない文字を含む等式を「方程式」と言います。言い換えれば「謎の数字が入った式」とも言えます。例えば、冷蔵庫に梨とリンゴが合わせて5個あるとします。リンゴが2個あるとわかっていた場合、梨は何個でしょうか。もちろんすぐに「3個だ」とわかりますが、これを「x＋2＝5」と表すことができます。リンゴの個数はわかっているけれど、梨の個数はまだわかっていない。だからこれを「x」で表現するのです。未知の数がすぐにわかるときは、私たちは暗算で未知の数を求めることができますが、複雑になってきた場合、未知の数を「x」や「y」などと文字で表して式を立て、その式を解くことで未知の数を求めています。このように、方程式は、私たちの生活の中で身近に用いられている大切な概念なのです。

Q. 方程式とはどのようなものか。正しいものを1つ選んでください。

1. 謎の数字と未知の数字を使って表現される数学的な式
2. 数と文字を使い、値がわかっていない文字を含む数学的等式
3. 未知の数を文字で表して式を立て、暗算で求めることができるもの
4. 私たちの生活の中で役に立つもの

(10) 高速道路を走っているとき、違う行き先の道路に行くにはどうすればよいのか。高速道路を走っていると、別の方向に行く分かれ道（分岐点）を通ることがある。交差点のように信号があるわけではないので、普段のスピードより速度を落として通行すればよく、一度車を止めてから右に曲がるとか左に曲がるとかをしない。矢印にそって分かれ道を進むと、気がついたときにはもう別の道を走っているのである。

Q.「別の道」というのは何のことか。1つ選んでください。

1. 違う行き先の道路
2. 速度を落として通行する道路
3. 別の方向に行く分かれ道
4. 高速道路ではない一般の道路

問4　解答・解説

（9）解答：2

1については、方程式は数と文字を使って表現される数学的な式の一部であると言えます。ですので的確に説明したものとは言えません。3については本文に「未知の数がすぐにわかるときは、私たちは暗算で未知の数を求めることができます」と書かれていますが、暗算でできないものがあることが、その後に書かれています。4については本文に「私たちの生活の中で身近に用いられている大切な概念」とは書かれていますが、「役に立つ」とまでは書かれていません。

（10）解答：1

本文の初めに「違う行き先の道路に行くには……」とあるので、それを頭において読み進めていくと「別の道＝違う行き先の道路」というのがわかるかと思います。2や4のような道路の存在は本文中にはありません。3を本文の「別の道」に代入すると「別の方向に行く分かれ道を走っている」となります。その直前には「分かれ道を進むと、……」とあるので、分かれ道は通り終わったあとだということが判断できます。よって3は「別の道」にはあたりません。

形式4：通常の読解問題

問4 本文を読み、その後の質問に答えてください。

難しさ ★★★

(11) 地下鉄は、大きな都市で走っています。バスのように交通渋滞に巻き込まれることもなく、定時性の高い交通システムです。

ところで、地下鉄の車両は、どうやって地上から地下に入れたのでしょうか。地上に車庫をつくり、そこから地下につながる線路をつくることで、地上にもってきた車両を地下に入れる方法が一般的です。しかし、地下鉄の路線によっては地上に車庫がない場合があります。その場合はどうやって入れたのでしょうか。新しくできた路線が、古くからある路線とつながっている場所（乗り換えができる駅）があるので、その場所どうしをつなぐトンネルを掘ってつなげることによって、古い路線の車庫から新しい路線にもっていくことができます。それもできない場合は、地上から地下につながる大きな穴を直接掘って、そこから車両を入れる方法もあります。

Q. 本文の内容に合うものを**すべて**選んでください。

1. 地下鉄の車両を地下に運ぶには、地上に車庫をつくらなければならない。
2. 地下鉄の車両を地下に運ぶには、大きな穴を掘って、その穴を使って車両を入れる場合がある。
3. 地下鉄の車両を地下に運ぶには、新しい路線から古い路線に運ぶのが一般的である。
4. 地下鉄の車両を地下に運ぶには、3つの方法がある。

(12) 視力検査では、アルファベットの「C」のようなマークを用いた視力表が使われている。あのマーク、実はランドルト環という名前がある。環は円のことで、ランドルトは19世紀後半から20世紀初頭のパリで活動したスイスの眼科医である。この名前も、考案者である彼の名前を取っている。大小さまざまな大きさの円の欠けている部分（切れ目の部分）が見えるかどうかで、視力がどれくらいあるのかを測っている。

Q. 本文の内容に合うものを**すべて**選んでください。

1. 視力検査でよく見るマークはアルファベットのCではなく、一部が欠けた円である。
2. 視力検査でよく見るマークはランドルト環ではなく、アルファベットのCである。
3. 視力検査でよく見るマークはパリで活動したスイスの眼科医であるランドルトが考案した。
4. 視力検査でよく見るマークはランドルトの名前をイメージしたマークである。

問4 解答・解説

(11) 解答：2と4

地下鉄の車両を地下に入れる方法については、「地上に車庫をつくり、そこから地下につながる線路をつくることで、地上にもってきた車両を地下に入れる」「トンネルを掘って（古い路線と新しい路線を）つなげることによって、古い路線の車庫から新しい路線にもっていく」「地上から地下につながる大きな穴を直接掘って、そこから車両を入れる」の3つあることがわかります。よってまず4が正しいです。そのうち、「地上から地下につながる大きな穴を直接掘って、そこから車両を入れる」は2と同じことを言っています。2も正しいです。一方で、1の場合「地上に車庫をつくらなければならない」とは本文には書かれていません。3は「新しい路線から古い路線に運ぶ」が本文とは逆です。よって1と3は選べません。

(12) 解答：1と3

1は、本文の終わりのほうの「大小さまざまな大きさの円の欠けている部分」と同じことを言っているのがわかります。3は、途中にある「考案者である彼（=ランドルト）の名前」というところから正しいとわかります。2については、本文中には「アルファベットのCである」とは書かれていません。また、4についても「ランドルトの名前をイメージしたマークである」とはどこにも書かれていません。

形式 4：通常の読解問題

問 4 本文を読み、その後の質問に答えてください。

難しさ ★★☆

(13) 本書の各単元は、接客場面を具体的に認識できるようにまず大きく4つに分け、それらをさらに4つずつに分けています。各単元を1つに分けたものを「課」と呼ぶことにし、1課、2課……16 課と呼ぶことにします。各課の終了時に確認問題を、全体の半分の課およびすべての課が終了した時点で復習問題を用意しています。学習したことの確認・復習にお役立てください。

Q. 上の文章は、とあるテキストの各単元の構成について書かれたものです。本文の内容に合うものを**すべて**選んでください。

1. 4 課・8課・12 課終了時に確認問題が、16 課終了時に復習問題がある。
2. 4 課ずつ進むごとに確認問題があり、最後に復習問題がある。
3. 8 課と 16 課終了時に復習問題がある。
4. 8 課終了時に確認問題が、16 課終了時に復習問題がある。

(14) 外国の国名を漢字一文字で表記することがある。中国を中、韓国を韓とするように、そのまま短くすることもあれば、イギリスを英、アメリカを米とするように、カタカナで表記されるところを漢字で表すことがある。スペインは「西」と書くが、これは中国での表記がそのまま日本に伝わってきたためである。一方で、フランス（日：仏／中：法）やドイツ（日：独／中：徳）は日本と中国で表記が異なる。ちなみにアメリカも日中で異なり、中国では「美」を使う。そのほかの4つの国は、日中での漢字表記は同じである。

Q. 本文の内容に合うものを**すべて**選んでください。

1. 中国を中、韓国を韓と漢字一文字で表記するのは、日中で同じである。
2. フランスとドイツ漢字一文字での表記は、日中で同じである。
3. アメリカとフランスの漢字一文字での表記は、日中で異なる。
4. イギリスとスペインの漢字一文字での表記は、日中で異なる。

問4　解答・解説

(13) 解答：3

1については、「各課の終了時に確認問題を（用意しています）」と書かれているので、「4課・8課・12課」という特定の課の修了時だけに確認問題があるとは言えません。2についても同じで、各課の終了時に確認問題があることがわかるので、「4課ずつ進むごとに確認問題があり」の部分がおかしいです。4についても同じです。確認問題が各課の終了時にあることを踏まえると、正しい選択肢であるとは言えません。

(14) 解答：1と3

表にして整理するとわかりやすくなると思います。

	中国	韓国	イギリス	アメリカ	スペイン	フランス	ドイツ
日本	中	韓	英	米	西	仏	独
中国	中	韓	英	美	西	法	徳

なお、最後の文の「そのほかの4つの国は、日中での漢字表記は同じである。」にも注目しましょう。その直前にフランス、ドイツ、アメリカが日中で漢字一文字の表記が異なることを踏まえて「そのほかの4つの国は…」と述べているわけです。

形式5：図表問題

問5 本文を読み、
その後の質問に答えてください。

難しさ ★★★

（1）

スポーツ大会のお知らせ

日時：10月X日　13：00～15：00

場所：県立スポーツセンター

実施する競技：

①ソフトボール　②ドッジボール　③バレーボール

※上記の中の1つに参加することができます。2つ以上参加することはできません。

個人で準備する物：運動ができる服装、飲みもの（常温がのぞましい）。①の場合は、各自グローブが必要です。②・③の場合は各自体育館シューズが必要です。

Q. 以下の1～4は上記の「スポーツ大会のお知らせ」についての4人の考え・行動です。正しいものを1つ選んでください。

1. けんた君は最初の1時間をドッジボール、その後の1時間をソフトボールに参加しようと思っている。
2. ゆかさんは3つとも参加したいがどれに参加するか決めていないので、体育館シューズを持っていこうと思っている。
3. ゆうと君は「スポーツ大会は午前に行われるから」と言って、親に弁当をつくってもらった。
4. なつみさんは飲みものを忘れたので、県立スポーツセンターへ行く途中に自販機でお茶を1本買った。

問5　解答・解説

（1）解答：4

1は、「2つ以上参加することはできません」と書かれているので、不可能です。2は、ソフトボールに参加する場合はグローブが必要なので体育館シューズをもっていくだけではだめです。3は、時間をよく見ると午後です。仮に午前に行われるとしても弁当が必要かどうかはわかりません。

Column

選択肢をよく読むことが試験突破の鍵

日常生活での「読むこと」と、試験問題の「読解」の大きな違いは、選択肢の有無です。日常生活では「選択肢」にあたるものは存在しません。しかし、試験問題には必ずといってよいほど選択肢があります。難関を突破するには、選択肢をよく読み込み、本文の該当箇所と選択肢を照らし合わせることが大事です。選択肢で触れられているのは本文のどの箇所か、ということを素早く探し出せるようにしましょう。

形式5：図表問題

問5 本文を読み、その後の質問に答えてください。

難しさ ★★★

(2) 以下の図は、駅の出口からツアーバス受付カウンターまでの行き方を示したものです。

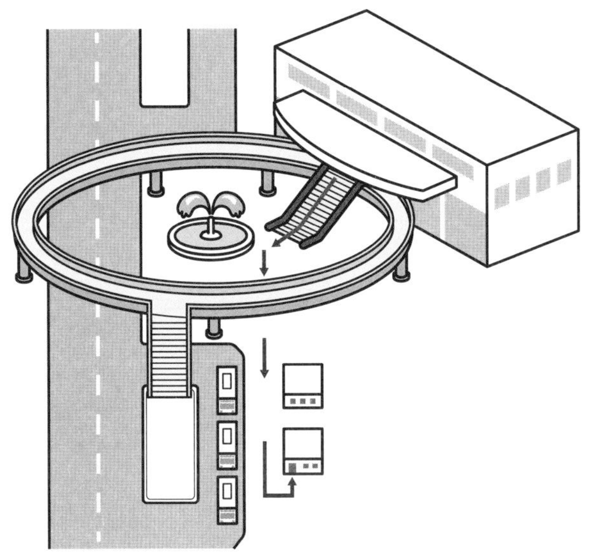

Q. 以下の1～4は、上記の図をもとに、駅の出口からツアーバス受付カウンターまでの行き方を説明したものです。正しいものを1つ選んでください。

1. ペデストリアンデッキのエスカレーターを降り、噴水の前を左に曲がってください。まっすぐ歩き、ペデストリアンデッキをくぐり抜けてください。そしてさらにまっすぐ歩きます。2つ目の建物の角にツアーバス受付カウンターが見えます。発着するところから入口が見えますのでそこから中へお入りください。

2. ペデストリアンデッキのエスカレーターを降り、噴水の前を左に曲がってください。まっすぐ歩き、ペデストリアンデッキをくぐり抜けてください。そしてさらにまっすぐ歩きます。2つ目の建物の角にツアーバス受付カウンターが見えます。入口はバスが発着するところに面していません。回り込むようにしてお入りください。
3. ペデストリアンデッキのエスカレーターを降り、バスターミナルに向かいます。バスが発着するところの反対側にツアーバス受付カウンターが見えます。バスに気をつけて中へお入りください。
4. ペデストリアンデッキのエスカレーターを降り、バスターミナルに向かいます。バスターミナル内に係員がおります。係員の指示にしたがってツアーバス受付カウンターまでお進みください。

問5 解答・解説

(2) 解答：2

まず、エスカレーターを降りたら噴水があること、バスターミナルに向かわないことなどから、3と4は適切ではありません。そして1と2のどちらが正しいかを考えるときに大事なことは「受付カウンターの入口はバスが発着するところに面していないこと」「回り込むようにして中に入ること」です。図の矢印も回り込むようにして描かれているので、それに合うのは2のほうです。

形式 5：図表問題

問5 本文を読み、その後の質問に答えてください。

難しさ ★★★

(3) 夏至（げし）が一番太陽が出ている時間が長いので、日の出が早く日の入りが遅いことは想像しやすいことだと思います。逆に冬（とう）至（じ）は太陽が出ている時間が短いので、日の出が遅く日の入りが早いこともおわかりでしょう。では春や秋はどうなのでしょうか。

2020 年の各月 20 日の日の出入り時刻（東京）

月	日の出時刻	日の入り時刻
1	6：49	16：55
2	6：23	17：27
3	5：45	17：53
4	5：02	18：18
5	4：32	18：43
6	4：25	19：00
7	4：40	18：54
8	5：04	18：24
9	5：27	17：41
10	5：52	16：59
11	6：22	16：31
12	6：46	16：31

Q. 上記の文章と図の内容に合うものを、以下の1～4の中からすべて選んでください。（1つだけではありません）

1. 春は日の出の時刻がどんどん早くなっており、日の入りの時刻は日の出時刻ほど変化がない。
2. 春は日の入りの時刻がどんどん遅くなっており、日の出の時刻は日の入り時刻ほど変化がない。
3. 秋は日の入りの時刻がどんどん早くなっており、日の出の時刻は日の入り時刻ほど変化がない。
4. 秋は日の出の時刻がどんどん遅くなっており、日の出の時刻は日の入り時刻ほど変化がない。

問5　解答・解説

(3) 解答：1と3

春は2月から5月までの変化で考えてみましょう。

日の出　　6:23 → 4:32　　約1時間 50 分早くなった

日の入り　17:27 → 18:43　約1時間 15 分遅くなった

続いて秋です。秋は8月から 11 月までの変化で考えてみましょう。

日の出　　5:04 → 6:22　　約1時間 15 分遅くなった

日の入り　18:24 → 16:31　約1時間 50 分早くなった

これらのことから正しいと言えるのは、1と3です。「秋の日はつるべ落とし」という言葉が昔からありますが、この言葉は秋の日の入り時刻の早さの特徴をよくとらえている言葉だということがわかります。

形式6：選択肢がイラストの読解問題

本文を読み、
その後の質問に答えてください。

難しさ ★★★

(1) ビジョン社からハンディサイズの 4.5 インチ電子ルーペが発売されます。付属のハンドルと電子ルーペを接続すると、手で画面の一部が見えにくくなることはありません。なおこのハンドルはスタンドにもなるので、手に持たずに使うこともできます。大きい画面を希望する方のために、13 インチのタブレットサイズのものもございます。

Q. 上の文章の説明に**合っていない**イラストを、1つ選んでください。

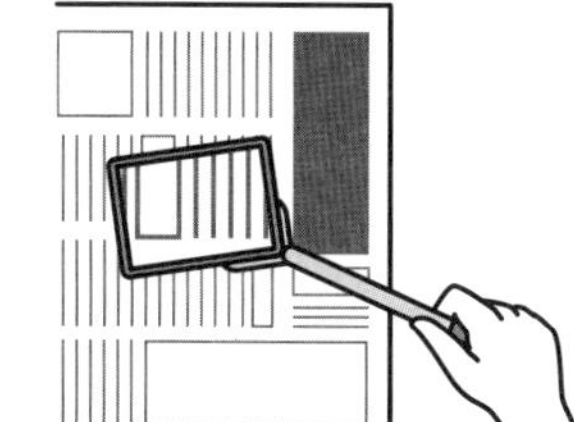

3

4

<ヒント>

1. ハンドルをスタンド状態にしたもの
2. ハンドルをつなげて手に持って新聞を読んでいるもの
3. ハンドルを自撮り棒のように伸ばしているもの
4. ハンドルと 13 インチのタブレットサイズがつながったもの

問6　解答・解説

（2）解答：3

1は、「ハンドルはスタンドにもなる」と本文に書かれているので説明に合っています。2は、「付属のハンドルと電子ルーペを接続すると、……」と本文に書かれているので説明に合っています。4は「13インチのタブレットサイズのものもございます」とあります。ハンドルをつけると少々不格好に見えますが、説明には合っています。3は、ハンドルが自撮り棒のように伸びるというようなことは本文には書かれていません。よってこれは説明に合っていません。

形式6：選択肢がイラストの読解問題

問6 本文を読み、その後の質問に答えてください。

難しさ ★★★

（2）キャンプやハイキングに出かけたとき、日の入りまでの時間を測定する面白い方法があります。

太陽のほうを向き、右手か左手を前に伸ばし、手のひらを自分のほうに向けて指が地平線に平行になるようにします。人差し指を太陽のすぐ下に置き、小指を地平線の端に平行にします。そのときに太陽をじっと見つめないように気をつけましょう。

太陽から地平線までの距離を測ります。太陽が動く時間は指1本で約15分です。もし人差し指の真上に太陽があり、小指の下と水平線が重なる場合は、あと1時間で日没時間となります。

まだ小指の下に空間がある場合、もう一方の手の人差し指を小指の下に並べてみましょう。もし、人差し指の下のところと水平線が重なる場合、日没までの時間はあと1時間半となります。

Q. 上の文章に書かれている内容に合う図を、1～4の中から1つ選んでください。なお横の太い線を地平線とします。

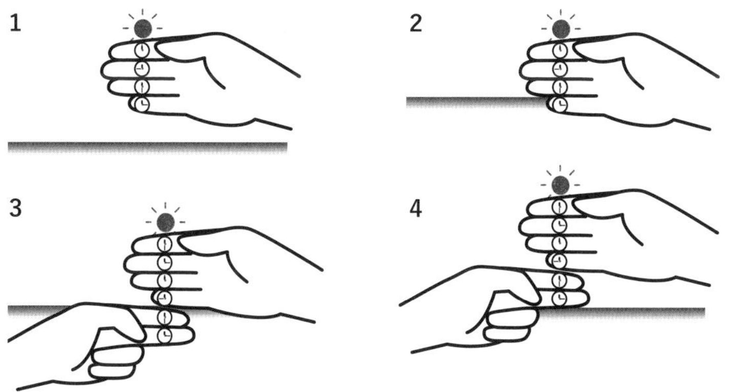

問6　解答・解説

(2) 解答：4

1は、本文に「まだ小指の下に空間がある場合、……」とあり、まだ説明が続きますので、内容と合いません。3は、1の解説で取り上げた個所の続きである「もう一方の手の人差し指を小指の下に並べてみましょう」に関係しているように見えますが、地平線が右手の小指と重なっているので、左手を添える必要がありません。よってこれも内容と合いません。2は小指の部分が水平線より下にあり、このようなことを述べている部分はどこにもありません。よってこれも内容と合いません。

Column

読解は文章だけではない

「読解」の中には、Chapter 5の形式5のように図表と文章を組み合わせたものもありますし、形式6のように選択肢がイラストという場合もあります。Chapter 5の「このChapterの目的・解説」でも書きましたが、文字と図を頭の中でつなげることも立派な読解です。本書の図表問題を解くことで、従来の読解のイメージを広げてみましょう。

形式6：選択肢がイラストの読解問題

問6 本文を読み、その後の質問に答えてください。

難しさ ★★★

(3)「対面通行」と「対面交通」。よく似ている言葉だ。違いを調べてみた。

並行しているが進行方向が逆転している車線が2つあり、それぞれの車線の方向に車両の通行がある道路で、中央分離帯などの車線を分断する構造になっていない状態の道路で車両が走行をすることを、対面通行という。基本、進行方向が逆転している2つの車線で中央分離帯がないときを指す。都市には進行方向が逆転している車線が2つずつで計4つの車線によって構成されることも、もしくはそれ以上の車線でもって構成される箇所もあるだろう。

一方で対面交通とは、「車道と歩道との区別のない道路で、車両と歩行者が向かい合って通行すること」を指す。車両と歩行者が向かい合って通行しないと、歩行者がはねられるなどの事故が起きやすいという理由による。日本の場合、車両は通常左側を走行し、歩行者は右側を歩くことになっている。

Q. 上の文章に書かれている内容に合うものを、1～4の中から1つ選んでください。なお、黒の矢印を車、赤の矢印を歩行者の動きとする。

1

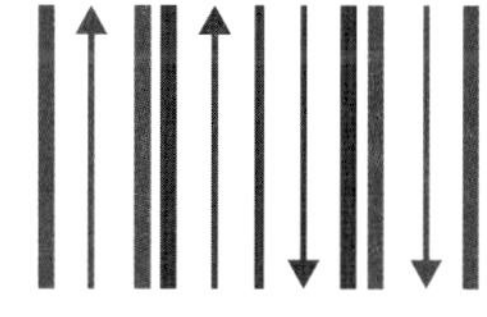

2

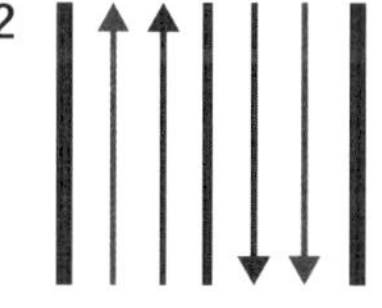

3

4

問6 解答・解説

(3) 解答：4

1と3については、対面通行についての説明に関係あるように見えるが、対面通行は車の移動のみについての説明で、歩行者がどちら歩くかについては一切書かれていません。書かれていない以上、「文章に書かれている内容に合っている」とは言えないので、選ぶことはできません。そうなると、後半の対面交通の説明から、正しいものを選びます。「車両と歩行者が向かい合って通行する」を満たすのは4なので、4が正解です。

だれでもできる!
「語彙力・読解力」を身につけるポイント

本書を手に取ったみなさんの事情、背景はどのようなものでしょうか。

「自分の今の日本語力が不安だから、補強したい」
「知っているようで知らない語彙が多いことに気づいた。もっと語彙を増やそう」
「資格試験を受けようと思っているけれど、試験の問題文を読むのが大変だ」

などなど、いろいろあるかと思います。また、以下のような理由で本書を手に取った方もいらっしゃるのではないでしょうか。

「自分の日本語力を見つめ直したい」
「日ごろあたりまえのように使っている日本語を意識的にとらえたい」
「どのようにしたら語彙力や読解力は身につくのか」

このいずれの場合においても、練習によって力は身につきます。この練習のことを英語ではエクササイズ（exercises）と呼びますが、この言葉は運動の場面でも使われます。特にこれと指定される運動はなく、幅広い運動に使用される言葉です。また、エクササイズは、一般的に健康の維持・増進を目的とした運動全般を意味します。

このことからすると、**本書が目指す「エクササイズ」も語彙力・読解力を中心とする日本語力の維持・増進が目的であると言えます。**日本語力の維持・増進のための練習を、後ほどみなさんと一緒に行っていきたいと思います。

さて、語彙力・読解力とはどういうものなのでしょうか。さまざまな書物にあたってみたところ、これはという記述を見つけました。卯城祐司『英語リーディングの科学』（2009、研究社）では、英文読解のプロセスやその指導についていろいろな視点から考察を行っていますが、その中に興味深い要素が6つあります。

1. 語彙知識　2. 構造　3. 背景知識　4. 推論能力　5. 視覚情報　6. 要約

この6つの要素について、日本語の例を挙げて説明します。
その際に、何度か使う文を以下に紹介します。

海老で鯛を釣った田中さん、今月は宝くじを3枚だけ買って
当せんを狙っているそうだ。

何度も出てくるので、この文を「海老で鯛の文」と呼んでおきます。必要に応じて、この文を全文掲示することもありますが、基本的には「海老で鯛の文」だけで表現しますので、あらかじめご了承ください。

1. 語彙知識

まずは、語彙の知識です。先ほどは「語彙力・読解力」と別にしていましたが、語彙力は読解力の中に含めてしまうこともあります。どうしてかというと、語彙の知識は、読解力を左右するからです。先ほどの「海老で鯛の文」でも、「海老」「鯛」「釣る」「今月」「宝くじ」「〜枚」「当せん」「狙う」という語彙がわかっていないと理解できません。また、日本語の場合は漢字の理解が語彙力に含まれるので、「海老」「鯛」「狙う」などの漢字が読めないと意味をつかむことが難しくなる場合があります。

もちろん漢字の場合は読み方がわからなくても意味がわかるという特性もあります。「当せん」がそうですね。「当せん」の意味がわからなくても「当」の字で推測ができるわけです。でも、以下のようにしたほうがもっとわかりやすくなると思います。

海老で鯛を釣った田中さん、今月は宝くじを3枚だけ買って
当たりを狙っているそうだ。

「当せん」を「当たり」に変えただけなのですが、このほうが意味がよくわかる、という人も多いと思います。これは「当せん」が日常的な語彙ではない人もいるためです。類推で何とかわかるものの、「当せん」という語を知っているかどうかで理解度が変わるわけです。もしくは理解のスピードが変わる、と言ってもいいでしょう。

語彙力を身につけるためのポイントとして、語彙には「広さ」「深さ」「流暢さ」というものがあるのを知っておくとよいでしょう。語彙力を身につけるということは、語彙の広さ、深さ、流暢さを手に入れることと同じだからです。

まずは、**「語彙の広さ」というのはどういうことなのでしょうか。これは知っている単語の量の多さを指します。**単語のうち、基本的な意味とされるものをどれぐらいの数把握しているか、というものです。先ほどの「海老で鯛の文」では、「海老」「鯛」「釣る」「今月」「宝くじ」「～枚」「当せん」「狙う」の8つの単語を知っている場合、8つ分の「広さ」をもっていると言えます。

次は、**「語彙の深さ」です。この単語は名詞であるとか動詞であるかといった知識や、この単語はよくこの単語と一緒に使われる、といったコロケーション（連語）の知識を指します。**また、「海老で鯛の文」では文字通り「田中さんが海老をエサにして鯛を釣り上げた」という意味にも取れますが、「海老で鯛を釣る」という慣用表現として意味を知っているかどうかも語彙の深さに関係があるでしょう。

また、「当せん」は「当たり」と同じ意味、という類義語の知識も語彙の深さに含まれます。「当たり」の反対は「はずれ」である、という対義語の知識も同様です。こういう語彙のネットワーキングも、語彙の深さに関係があると言えるでしょう。

3番目の「語彙の流暢さ」というのは「語彙の速さ」とも言うのですが、「言いたい単語がすぐに出てくる」とか、「単語を見たり聞いたりしてすぐに意味が理解できる」、といったことです。「宝くじを買って当せん……?」と唸(うな)ったあと、「あ、『当たり』のことか!」となるまで時間がかかる場合は「当せん」という語彙についての流暢さがまだまだだ、と言えるわけです。

2. 構造

この場合の構造は、「文の構造」と「文章の構造」の2つに分かれます。

まずは、文の構造です。「海老で鯛の文」の場合、この構造に気づくでしょう。

「海老で鯛を釣った」の部分は、下の「まじめな」の文と同じような修飾（状況を説明すること）をしています。

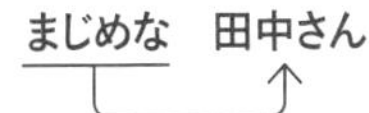

そのことから、「海老で鯛を釣った人」というのが田中さんであることがわかるわけです。こういった構造を把握することができるかの鍵となっているのが、文法です。日本語を母語として生まれてきた方にとって、日本語の文の構造は瞬時に理解できることが多いのですが、これが外国語の場合、文法を勉強しないことには、文の構造を理解するのは大変です。

次に、文章の構造というのはどういうものを指すのでしょうか。なお、「文章」というのは「文が複数個集まったもの」という意味で使います。例えば以下のA～Cは、2つの文が集まった「文章」です。

A. **魚釣りをした。そのあと、サイクリングもした。**
B. **大雪が降った。そのため、新幹線のダイヤが大幅に乱れている。**
C. **お腹がすいた。なぜなら、朝ごはんを食べてこなかったからだ。**

私たちはこれらの文章を見たとき、AとBとCとでそれぞれ文章のタイプが異なると感じることでしょう。これらのタイプに名前をつけるとすれば、Aは「列挙」、Bは「因果関係」、Cは「理由説明」と言えるでしょう。2つ以上の文があるときは、なんらかの関係でつながっていることが多いためです。**文章間の関係に気づくことが、読解力の向上につながります。**

関係に気づく鍵としては、まずは「そのあと」「そのため」「なぜなら」のような接続表現（つなぎの言葉）に注目することです。さらに、文章によっては接続表現を使わない（表示させない）場合もあるので、「文と文の関係を考えながら、読む。その際に接続表現を部分的な手掛かりとして使う」ことが大切になります。

よって上記のA～Cの文章も、「そのあと」「そのため」「なぜなら」がなくても関係性はわかるようになります。

3. 背景知識

この文章は読みやすい、読みにくい、ということを左右するものの1つが、背景知識です。これはみなさんも経験でそう思われるのではないでしょうか。

経済のことに詳しい方でない限り、新聞の経済記事を読もうとしてもスラスラと読めないことがあると思います。

このことから、**少しでも多くの知識をもっておくことが読む力を向上させる**ことがわかるでしょう。しかし、私たちは知識を得る量には限界があります。その限界を感じつつも、知っている知識を動員して「読む」ということができるようにしたほうがよいのです。

例えば、「発行日より1年間有効です。紛失の場合は無効です。再発行はできません」という文章があったとします。一見するとつながりの感じられない3つの文の集合体ですが、これを見て私たちは「どこかで見たことがある。どこだったっけ?」と頭の中で考えるわけです。

そして早かれ遅かれ、「あっ、ポイントカードのことだ」と気づくと思います。ポイントカードについての説明ではない可能性は十分あります。それでも、ポイントカードについての知識があることで読みやすくなるわけです。そのため、知識はもっておくだけではだめで、それを活性化する（=すぐに活用できること）必要があります。

知識を増やすには、最近では動画を見ることでも可能です。しかし、文字を読む力をつけるのであれば、その知識も文字情報によるものから得るとよいでしょう。ある知識を得るために読んだ文章の表現は、どこか別の場所で似たような形で表れることがあるからです。「あっ、これ知ってる!」とか「あっ、これ読んだことがある!」となれば、読む負担がかなり減ります。ですから、読書が大切なのです。

4. 推論能力

文章には「書かれていない情報」というのがかなりの確率で存在します。例えば、以下のような何気ない文章にも、「書かれていない情報」があります。

電車は終点に着いた。1分もしないうちに、車庫に向かって発車した。

「ドアが開いて、客が全員降りた」とか「客が降りたあと、再びドアを閉めて走り始めた」とか「到着後から車庫に向かって走り出すまでは1分もなかった」とか、さまざまな情報があるのですが、それらは書かれていません。

このように、私たちは文章に書かれていない情報を補いながら読んでいます。これを「推論」と呼んでいます。では、どのような推論があるのでしょうか。

まずは、「2. 構造」で見たような「列挙」や「因果関係」といった「関係性の把握」です。先の文章例でも、「電車は終点に着いた」と「1分もしないうちに、車庫に向かって発車した」との間には時間的な順序があることがわかります。つまり、前後関係です。

次に、「前提」があります。簡単には、「この文章は何について、何をもとに書かれているのか」ということがわかるかどうかということです。先の文章例では「電車」とあるので、それを読むだけで私たちは「電車に乗り降りする」ということが思い浮かびます。

さらに、「省略」や「指示」もあります。

先の文章例の「1分もしないうちに、車庫に向かって発車した」という部分には、「何が」にあたる部分が書かれていません。「省略」されているわけです。ですが、私たちは「発車したのは電車だ」ということを頭の中で補っています。

「指示」というのは「それ」とか「これ」で指し示す言葉と、指し示される言葉との関係に気づくことです。「太郎は今日の日替わり弁当はおいしそうだと思った。それを買って会社に戻った」という文の場合「それ」と「(今日の)日替わり弁当」が同じものであるかどうかを判断するために、推論を行います。

なお、「1. 語彙知識」で「海老で鯛を釣る」という慣用表現の意味を知っているかどうかに触れました。そこから類推して、「田中さん、今月は宝くじを3枚だけ買って当たりを狙っている」の「今月は」という言葉から「先月も何かうまいことをやってのけたのだな」という想像ができます。これも推論の一種です。

読む力を身につけるためには、「常に書かれていないこと」を想像し、「上手な推論ができるようになる」ということも大切です。

5. 視覚情報

読みものには、ときどき絵や写真がついています。物語などの挿絵もそうですし、新聞記事などに添えられる写真の場合もあります。それらは存在しなくても読解の妨げにはならないのですが、絵や写真などがあることでイメージがしやすくなります。先ほど挙げた「背景知識の活性化」や「推論」に役立つでしょう。

図や表も、絵や写真と同様の働きをすることがあります。何かの生産量のデータについての報告書を読む場合、年別のグラフ、地域別のグラフなどがあることで理解しやすくなることが多いと思います。

場合によっては、絵・写真や図・表とセットにして読む必要があります。その場合は絵・写真や図・表が補助的なものとしては扱われません。機械の説明書などの絵や写真がそれにあたります。絵や写真なしでは理解するのがとても大変で、機械を扱うことができないかもしれません。その意味では、視覚情報は大事なものであると言えます。「**文字だけではなく、絵・写真や図・表も読解だ」と考えて**

おくことも大切です。

また、私たちは文章を読みながら自分で図や表にすることもあります。読んだ内容を整理するためです。メモ書きの図や表とはいえ、きちんと内容を読み取りながら慎重に行わないと読み間違えてしまったり、内容がわからなかったりすることがあります。この場合にも、**「文字と絵・写真や図・表とセットにして読む」ということが大事**です。多種多様な読み取りができるようになることを目指しましょう。

6. 要約

要約というのは、もとある文章を短くまとめることですが、簡単そうで難しい作業です。まず、**全体の内容を把握していないと要約はできません。また、どの情報が必要なもので、どの情報が必要ではないものなのかを判断しなければなりません。**

必要でないと判断されるものは、削除します。削除の対象となるのは、具体例です。長い具体例の場合は短くするとか、具体例がいくつも挙がっている場合は1、2個にとどめておいたほうがよいでしょう。ほかには「一般化」といって、まとめる言葉（これを上位語とも言います）を使ってまとめてしまうものです。「サッカー、野球、テニス、水泳、スキー、…」などは「スポーツ」という言葉にまとめることができます。

場合によっては要約する際に文を補うことがあります。そのときには先ほど挙げた「推論」が役に立ちます。ただし、その場合には本文に書かれていることに忠実に補う必要があります。

そして当たり前なのですが、**要約された文章は読みやすいものでなければなりません。**要約をすることによってかえって内容がわかりにくくなったのでは、本末転倒です。不必要な部分を削っていくが、でも読みやすい、ということが大切なのです。

要約にチャレンジする際は、要約される前の文章と、要約された文章とをしっかりと見比べて、どこが削られ、どのように置き換わっているのかなどをしっかり把握できるようになる必要があります。

以上のように見てくると、**「1. 語彙知識」「2. 構造」「3. 背景知識」「4. 推論能力」「5. 視覚情報」「6. 要約」の6つは、日本語の理解に重要な要素**であることがわかると思います。

唐突ですが、猫背などで姿勢が悪いと言われたことがある方がいるかもしれません。姿勢が悪くなる原因はさまざまありますが、筋肉が弱まったり伸びてしまったりすることも原因の1つだと言われています。どの筋肉かといえば、腸腰筋という背中から太もものつけ根にかけての筋肉や、大胸筋という胸の筋肉が原因なのだそうです。

同様に、日本語の力が不安な方の原因として、上記の6つの要素の力が弱いことが挙げられると思います。筋肉を鍛えることで姿勢の悪さが改善される可能性が高まるように、日本語の力が不安な方は、上記の「6つの要素＝筋肉」ととらえ、ここを鍛える「エクササイズ」が必要です。

冒頭に書いたように、言葉の「エクササイズ」によって語彙力・読解力を中心とする日本語力の維持・増進が、本書が目指す目的であると言えます。

本書では、上記の6つを鍛える練習を、5つの種類のエクササイズにまとめました。

Chapter 1　語彙力エクササイズ
→「1. 語彙知識」のための練習

Chapter 2　表現力（説明力）エクササイズ
→「5. 視覚情報」「6. 要約」のための練習

Chapter 3　文法力エクササイズ
→「2. 構造」のための練習

Chapter 4　要約力エクササイズ
→「6. 要約」のための練習

Chapter 5　読解力エクササイズ
→「3. 背景知識」「4. 推論能力」のための練習

自分の弱点がすでにわかっている方は、該当するChapterから練習を始めていただいてもかまいません。一方で、「まずは練習してみて、自分の弱点を探ろう」という方は、最初から順番に練習を進めていってください。

なお、「6. 要約」のための練習が、「Chapter 4　要約力エクササイズ」だけでなく「Chapter 2　表現力（説明力）エクササイズ」にもかかわっているのは、要約には「わかりやすさ」が必要だからです。Chapter 2の後半の練習では、わかりやすい文章について考える練習があります。この練習を通しても要約の力をつけられるようになっています。

語彙力・読解力を身につけるポイントをつかみ、これからも日本語のエクササイズを楽しみながら続けていただけたらと思います。

参考文献

新田祥子（2008）『練習15分 論理力トレーニング教室』 日本能率協会マネジメントセンター

卯城祐司（2009）『英語リーディングの科学―「読めたつもり」の謎を解く』 研究社

小野田博一（2009）『世界一やさしい論理トーク練習帖』 大和出版

青木人志（2017）『判例の読み方 シッシー&ワッシーと学ぶ』 有斐閣

福島美智子・福島万莉瑛（2019）『AI時代の小学生が身につけておきたい 一生モノの「読解力」』 実務教育出版

法制執務・法令用語研究会（2021）『条文の読み方〔第2版〕』 有斐閣

【著者紹介】

西隈俊哉　にしくま しゅんや

1972（昭和47）年、愛知県生まれ。南山大学大学院修士課程修了。コミュニケーションとしての日本語に関する研修・コンサルタント業務を行う一般社団法人「日本語フロンティア」代表理事。外国人に日本語を教える日本語教師の仕事や日本語教師養成に携わる。著書に『2分で読解力ドリル』（学研）、『日本語ロジカルトレーニング』（アルク）などがある。

イラスト：すどうまさゆき

デザイン：もりたやすゆき（キガミッツ）

1問2分でできる「語彙力・読解力」エクササイズ

2024年7月2日　第1刷発行

著　者　西隈俊哉

発行者　清田則子

発行所　株式会社 講談社

〒112-8001　東京都文京区音羽2-12-21

（販売）03-5395-3606（業務）03-5395-3615

編　集　株式会社講談社エディトリアル

代表　堺 公江

〒112-0013　東京都文京区音羽1-17-18　護国寺SIAビル6F

（編集部）03-5319-2171

印刷所　株式会社東京印書館

製本所　株式会社国宝社

N.D.C.800 159 p 19cm　©Shunya Nishikuma, 2024, Printed in Japan　ISBN978-4-06-535995-2